両方本気

50歳からオペラを始め、カーネギーに立った社長の話

小栗成男

GENTOSHA

あきらめとは甘い毒
クセになってしまうから
ちいさな誓いも
おおきな祈りも
なにひとつ　あきらめたくない

語れ　キミを語れ
ホラ吹きめと言われても
鏡の中　迷うキミを
ウソツキにはさせないから

夢の闇で叫べばいい
夢の淵でもがけばいい
それもこれも脆《もろ》く愛しい
私だから

――「未来《あす》への讃歌」
（千住明作曲　前田たかひろ作詞）より

目次

第2章

音楽が気づかせてくれたこと

第3章

夢はひとりでかなえるものじゃない

第4章

「負けん気」の哲学

第5章

ビジネスも芸術も「人の心を動かす」営み

終章

感動とは何か？――人をつき動かす情熱と共感の在りか

対談　輪嶋東太郎×小栗成男

プロローグ

「ニューヨークのカーネギーホールのステージに立ち、オペラ・アリアを歌いたい!」

こんな衝動に胸を焦《こ》がすようになったのは、50歳で声楽を習いだして数か月経ったころだ。

僕はそれまでクラシック音楽の経験はまるっきりなかった。もっと言えば、楽譜もろくに読めなかった。そんなズブの素人が抱くには無謀すぎる夢かもしれない。

だが、一旦《いったん》心に灯ったその火は、日を追うごとに勢いを増していく。

ある朝、僕は意を決した。「本気でチャレンジするぞ」と。

無茶な夢かもしれないが、すでに50歳だから、経験が浅いからといって、挑戦していけない理由はない。もちろん、実現できるかどうかはわからない。でも、目指すのは自由だ。とことんやってみようじゃないか。

そこから、50歳の本気の挑戦が始まった——。

夢をかなえるために最も大切なものとはなんだろうか？

ゆるぎない「信念」と「情熱」だと僕は思っている。

「やりたい、やらずにはいられない」「必ず実現させたいんだ」と腹の底から湧き上がる熱い想い。情熱は、自分を動かし、現実を変えるための基本的なエネルギーだ。

その情熱を支えるのが、「覚悟」と「勇気」だと思う。

困難に立ち向かうことになっても、「自分にはできる！」と自らを信じる強い気持ちを持ちつづけられるか。失敗したり、恥を掻《か》いたり、人からいろいろ言われたりしても、めげずに前を向いてやりつづけられるか。それには、覚悟と勇気が必要だ。

年齢がいきすぎているとか、自分には能力や才能がないとか、経験が乏しいとか、立場や環境的に難しいとか、先に「できない理由」を挙げて逃げ腰になってしまうのは、覚悟と勇気ができていないからだ。

傷つくことを怖がる気持ちは、情熱に水を差す。

無理そうなこと、困難が予測されることを避けていれば、傷つかずに済む。だけど、自分のなかに湧いた情熱にフタをして、やる前から「無理に決まっている」「できるわけない」と決めてかかることは、本当の幸せだろうか。

一度きりの人生、それでいいのだろうか。

「あきらめる」という行為は、知らずしらずのうちに自分の本心をマヒさせていく甘美な毒のようなものだ。

自分で自分の可能性に見切りをつけてしまったら、夢には永遠に手が届かない。

あきらめずに前に進みつづけるから、新しい扉が開くのだ。仕事、勉強、趣味、なんでもそう。

何かに熱中するには、年齢も能力も関係ない。

夢をかなえるにも、年齢、能力は関係ない。

自分の想いに素直になって、情熱を注ごう。

ワクワクするような夢や目標があると、情熱は増す。覚悟と勇気も備わっていく。

2019年2月2日、僕はカーネギーホールのステージに立った。夢をかなえることができた。

挑戦を決意してからの足かけ5年は、無我夢中、悪戦苦闘の日々だった。ビジネスをやりながら、いろいろ公職を務めながらなので、歌のことだけにかまけているわけにはいかない。限られた時間のなかで、いかに集中して歌の練習をするか。僕ひとりの努力だけでなんとかできるものではなく、家族、スタッフ、関係する多くの人たちの協力、サポートなくしてはできなかった。

正直、夢と希望とワクワク感だけで成し遂げることができたわけでもない。何度やってもうまくできない自分に腹を立てたり、「俺はダメだ」と意気消沈したり、コンディションを崩して窮地に陥ったり。そんなときは、

「クソッ、こんなことで挫《くじ》けていられるか！」

と、悔しさ、ふがいなさ、怒りなどの感情を発奮のエネルギーにした。

人から見ると、僕は恵まれた立場で苦労知らずに映るらしいが、実際の僕は挫折を味わい辛酸を嘗《な》めてきているし、できないこと、苦手なことへのコンプレックスも多い。葛藤《かっとう》だらけだ。

ただ、それをグチったり、仕方がないかとあきらめてしまう人生は送りたくない。だから、自分のなかに渦巻く葛藤を起爆剤に、もがいてもがいて逆境やネガティブ要素をひっくり返そうとしてきた。

もし、僕が人一倍持っているものがあるとしたら、逆風に挑む発奮力だ。

歌に対しても、そんな発奮エネルギーが大きな駆動力になった。

カーネギーへの挑戦を通じて、僕が得たものがなんだったのか。この本ではそれを語りたい。

一花咲かせたいと思って始めたチャレンジを経て、僕はこれまでとはまったく違う角度からの視点、ものの考え方を知った。

自分の価値観がいかに狭いものだったかを、僕は音楽からさまざまと教えられた。それは一個人としての人生観だけでなく、ビジネスに対する姿勢や経営観にも影響を及ぼしている。

歌を通じて自分にこんな変化が生じるとは考えてもみなかった。予想外の偉大な副産物だった。

歌をやっていなかったら、音楽にここまでのめり込んでいなかったら、僕は人生で本当に大事なものをつかみそこねたままだっただろう。

そして思う。ビジネスに邁進《まいしん》している人こそ、音楽や美術などにどっぷりとつかる時間をぜひ持つべきだ、と。


最近、ビジネス書を読んでいると、ビジネスパーソンは教養や芸術的素養を積むことが大切だ、という論調によく触れる。ビジネスにおいて必要とされる判断力には、文化的な営みを通して自分自身で育んだ美意識や哲学が大きくものを言う、といわれている。

実際、音楽活動を通じて僕自身のものの考え方がいかに変わったか、視野がいかに広がったかを考えると、実感としてよくわかる。

変化しつづけるビジネス社会に対応し、臨機応変な力を発揮していくためには、既存の枠組みにとらわれず、頭をやわらかくしておくことが必要だ。音楽や美術の世界には、ビジネス社会が常識としている感覚とは違う世界観がある。そこに触れることで、ビジネスだけやっていたのでは見えないものが見えてくる。

自分のビジネス人生を成功させたかったら、アーティストになるべきなのだ。

大きな目標や夢をかなえた先には、自分が予期していた以上の広くて深い新たな世界が広がっている。そこで見られる景色は、実際にそこに立った者しかわからない。

そして、そこに立つと、次に目指すべき新たな頂《いただき》が見えてくる。

カーネギーホールで歌うという夢の達成は、僕にとってゴールではない。この試金石を経て、新たな世界へのスタートラインに立てたのだ、と思っている。

僕は振り返らない。前だけを見て進む。自分の未来のために。

自分の未来の舵《かじ》を取れるのは自分だけだから。

怖れずに、あきらめずに、たくさんの挑戦をつづけた者が、一番遠くにたどり着ける。それは人生でどれだけ美しい景色を見ることができるか、ということだと思う。

第1章

夢がかなった日

Presented by JC Productions
Transcending
Børders
Sekai's Night Music at the Crossroads of Cool
Saturday, February 2, 2019 at 7:30 PM
Zankel Hall at Carnegie Hall / Tickets: $65
carnegiehall.org | CarnegieCharge 212-247-7800 / Box Office at 57th and Seventh

2019年2月2日未明、ニューヨーク

ついに、カーネギーホールでのコンサート当日を迎えた。

午前3時にパチッと目覚めた。ニューヨークに入った日から、ずっとそうだ。

緊張のせい？　それとも時差の影響？

おそらくそのどちらでもない。

この僕が、外に繰り出してマンハッタンの夜を楽しむ気にもなれず、ホテルの部屋でルームサービスの食事を摂《と》り、のどのケアをして、夜8時前にはベッドに入っていたからだ。

おかげで、3時にはすっきりと目が覚める。

起きて、自分が歌う曲の歌詞と音程を確認する。このところの朝のルーティンだ。

最後にやるのは、イメージトレーニング。

コンサートのエンディング、お客さんが総立ちで拍手してくれているなか、にこや

かに再びステージに出て、アンコールの曲を歌う。客席がいっそう盛り上がる。この「成功のイメージ」を頭にしっかりと描く。

仕事でもそうだが、成功のイメージを頭に叩き込んでおくことは、とても大事だ。うまくいくイメージを具体的に持っていると、自信をもって臨むことができる。メンタルも落ち着く。


声はなんとか出そうだ。ホッとした。

実は、のどを傷《いた》めて4日前まで声がまったく出ない状況に陥っていた。ポジティブ・シンキングをモットーにしている僕も、さすがに肝を冷やした。

このコンサートのために協力してくれている人たちの顔が、脳裏に浮かぶ。僕のせいで一所懸命になってくれている皆さんに迷惑をかけてしまうことだけは避けたい。そのことばかり考えていた。

だからこそ、成功のイメージをより強く持っていないと不安で押し潰されそうだった。

声が出ない……

9日前の1月24日、突然声が出なくなった。

25日の朝、医者に行ったところ、マイクロスコープの写真を見ながら先生が、

「のどが炎症を起こし、声帯がかなり傷んでいます」

と言った。

原因は、除菌のために用いていた塩素系薬品にあったようだ。

1月は、インフルエンザが猛威を振るっていた。僕の周囲でも、レッスンで伴奏を務めてくれているピアニストが、至近距離で顔を突き合わせている歌の先生が、そして会社の秘書が、次々とインフルエンザに倒れた。

誰からウイルスをもらってしまってもおかしくない。だが、今、インフルエンザにかかるわけにはいかない。予防注射を2回受け、さらに万が一かかってしまったときのことを考えて、抗インフルエンザ薬を処方してもらって飲みつづけていた。

もちろん、除菌対策ものどのケアも保湿も怠りなくやっていた。枕元には加湿器をセットし、寝る際には保湿マスクをし、のどと首を温めるために遠赤外線効果のあるネックウォーマーを巻いた。

この2か月は、のどのためにアルコールもやめていた。12月、1月と忘年会や新年会等、酒席も増えるが、酒は飲まず、二次会も控えた。免疫力を高めるようにと食事にも留意し、早く家に帰って睡眠もたっぷり取り、体調管理には万全を期してきたのだ。それなのに、ケアのつもりでしていたことでのどを傷めてしまうとは、なんということか。

(音楽の神様が僕に試練を与えているんだろうな)

そう思わずにはいられない。

歌を始めてまだ4、5年しかたっていないアマチュアの僕が、カーネギーホールという由緒ある音楽の殿堂に立つチャンスをいただいた。プロのなかのプロでも、なかなかあることじゃない。たまたま、その幸運を手に入れることができた。

しかし、世の中、そんなに何もかもすんなりうまくいくわけがない。

「おいおまえ、本気で歌と取り組む気があるのか？　性根を見せてもらおうか」

と、神様から本気度を試されているに違いない。

できることはすべてやってきたのだから

50歳から習いはじめたオペラのアリアにほれ込み、カーネギーホールのステージで歌うという目標を立てて4年半——。この間の歩みを静かに振り返ってみた。

「できることは、すべてやってきたよな」

自分自身に問いかけた。

「ああ、やってきた。『もっとこうしておけばよかった』というような後悔は、何ひとつない」

もうひとりの自分が答える。

本気で歌と取り組んできた。つねに「今できること」に全力を投じてきた。これに関しては自信があった。

今の自分の実力が、どの程度のものなのかはわからない。だが、やれることはすべてやってきたのだ。そう思うと、声が出ないという窮状に対する不安が少し和らいだ。

あとは運を天に任せるのみ。コンサート当日になっても声が出なければ、それはもうしようがないじゃないか。今ここで焦っても、無理しても、どうにもならない。とにかく安静にして、のどを休ませることにした。

1月25日に日本からサンフランシスコに入り、ふたつ仕事をこなした。仕事が終わるとそのままホテルに戻り、薬を飲んでひたすら眠った。

27日にニューヨーク入りしたときも、声はまだ出なかった。

このコンサートのために協力してくれている人たちのことが気にかかる。僕のせいで決して彼らに迷惑をかけたくはない。思うのはそのことばかりだ。

万が一、声が出ないときに備えて、その場合はどうするかの相談もした。「備えあれば憂いなし」だ。

幸い、29日の午後になってようやく少しずつ声が出はじめた。

それでも油断は大敵だ。ほとんど外には出ず、食事もホテルの部屋で摂り、ひたすら早寝をして養生していたのだった。

入念なリハーサル

カーネギーホールの壁面には、公演日の約10日前から公演ポスターが掲示される。これまで、ニューヨークに来てこのホールの前を通るたびに、さまざまなアーティストのポスターを羨望の想いで眺めてきた。そこに自分のポスターが掲げられているのは、なんとも不思議な感覚だった。

正直、うれしい。「本当にカーネギーのステージに立つんだ」という実感がじわじわ湧いてきた。

リハーサルは3日間行われた。これはカーネギーホールではなく、外のスタジオで、午前10時から始めて、夕方5時ぐらいまでみっちりやる。そして実際のホールで本番同様のリハーサルを1回やる。

今回のコンサートのコンセプトは、「異文化の交差点」だった。

このコンサートのプロデューサーであり、ギタリストとしても著名な吉田次郎さんが考えてくれたのは、異なる文化の多様性を知ってもらい、相互理解を深めるきっかけとなるようなイベントにしよう、というものだった。

題して「Transcending Borders：Sekai's Night Music at the Crossroads of Cool」。

イタリア語、スペイン語のオペラ・アリアもあれば、英語のポップスも、日本の歌も、インストゥルメンタルも聴かせるコンサート。そんな世界観で曲目を構成し、ミュージシャンを集めてくれた。

多彩なジャンルにわたるため、ヴォーカルとしては僕・世歌動《せかい》のほかに、シンガーソングライターである黒人ヴォーカリストのマーロン・サンダース、日本の音楽シーンで80年代から活躍しているポップスやジャズの名手マリーン、カナダ出身のソプラノ歌手サーシャ・ディハニアン、異なる声、異なる歌い方の4人。

ミュージシャンは、ギターの吉田次郎、ジャズピアノのクリヤ・マコト、ヴァイオリンの岩田ななえの諸氏をはじめ、サミ・メルディニアン（ヴァイオリン）、コリン・ブルックス（ヴァイオリン、ヴィオラ）、アリッサ・スミス（ヴィオラ）、ルーク・クラフカ（チェロ）、クリス・ジョンソン（コントラバス）、田中美鈴（ピアノ）というメンバーがそろった。次郎さんの幅広い人脈のおかげだ。

このメンバーが全員集まってのリハーサルである。

ギターの吉田次郎さん、ピアノのクリヤ・マコトさん、マリーンさん以外は、僕にとって初めて共演する相手だ。初日は、音と声が合わなくて困惑することもあったが、2日目には慣れてきて、「ここをこうしたいんだけど……」と相談できるようにもなった。

盛りだくさんすぎて時間オーバー?

実際にリハーサルをやってみると、ある問題が浮かび上がってきた。

「異文化の交差点」と銘打っているからには、やはりいろいろな曲をやりたい。そのため、プログラムが盛りだくさんな内容となり、全部歌おうとすると3時間にも及んでしまうことがわかったのだ。

夜7時半開演なのだが、終わるのが10時半。これは長すぎるだろう。僕は直感的に思って、プロデューサーである次郎さんに相談した。

「次郎さん、このプログラム通りにやると、10時半までかかってしまいますね。前半50分、休憩をはさんで後半50分、アンコール曲を入れても9時45分には終わらせるように、考えてもらえないでしょうか」

すると次郎さんは、

「そうですね……ただ、それによって小栗さんの歌が減ってしまってもいいですか?」

と言った。

次郎さん自身アーティストなので、ここにきて急遽《きゅうきょ》、自分の出番が少なくなってしまうしのびなさを、よくわかっているのだ。だから言えなかったのではないか。僕に気を遣ってくれていることが、伝わってきた。

「ご配慮ありがとうございます。僕の歌のところをカットしていただいて構いません」

僕はきっぱり言った。


本音を言えば、減らしたくはない。カーネギーのステージで歌うことを目標に、練習に練習を重ねてきたのだ。歌いたい。けれども、それはお客さんのことを無視した利己的な想いになりかねない。いくら聴いてほしくても、「長いなあ」「まだ終わらないのかなあ」とお客さんに思わせてはダメだ。

「もうちょっと聴きたかった」と思ってもらう程度で終わるのが一番いい。芸術も、「お金を払って聴きに来ていただく」というビジネスである以上、お客さまファーストでなければならない。

このときの僕は、晴れのステージに立つアーティストとしての意識よりも、「このプロジェクトを成功させるには何が大事か」を客観的に判断する冷静さのほうが勝っていた。これは長年のビジネス経験で培われてきた資質だといえるだろう。

結局、僕が当初歌う予定になっていた「妙なる調和」（プッチーニの歌劇『トスカ』より）と「衣装をつけろ」（レオンカヴァッロの歌劇『道化師』より）の2曲をセットリストから削ることにした。

結果的に、この判断はよかったと思う。

「ドミンゴになってください」

ニューヨーク滞在中は、個人レッスンをしてくれている歌の先生の江端智哉《えばたのりちか》さん、レッスンでピアノ伴奏をしてくれる西岡あさみさんとともに、毎日スタジオを借りて

2時間ほどの個人練習をしていた。

本番3日前のこと、江端先生が言ってくれた。

「小栗さん、歌うスタイルができてきましたね。身体の力みが抜けている。高い声も自然に出る実感があるでしょう？」

高音を出そうとするときに、つい力が入ってしまうことが多い。その自覚はあった。力が入ると、のどが締まってしまうから、むしろ声が出にくくなる。よい姿勢は保ちながらも、身体全体をリラックスさせていないといけない。ずっと言われつづけてきたことだ。

それが、昨日も今日もできているという。

「ドミンゴは、歌うときに腕をブラブラッとさせます。腕をゆるませると、上半身の力みが抜けます。だから、ちょっと力んでしまっているかなと感じたら、ドミンゴを意識しましょう。ドミンゴになってください！」

ドミンゴの歌っている映像を思い浮かべた。

先生からは、

「頑張りすぎてはダメですよ」

とも言われていた。

普通、緊張すると声が出なくなる人が多いらしい。ところが、僕は子どものころから水泳をやっていたので肺活量もあるし、上半身が強く体幹のブレが少ないため、緊張状態でもけっこう大きな声が出てしまう。おまけに、本番となるとアドレナリンが出ていっそうはりきってしまうタイプなので、声楽本来の発声でなくても歌えてしまうというのだ。

「だから、頑張らないでください。いつも通りに、今のような発声で歌うことを心がけてください」

とアドバイスを受けた。

手の動きひとつで歌が変わる

2月2日のコンサート当日も、午前10時に貸しスタジオに入り、練習を始めた。発声練習もそこそこに、僕は前日のみんなとのリハーサルで気になっていたところを、先生にいろいろ相談してみた。

「この曲は、歌い終わってから後奏が入るじゃないですか。そのとき、すごく手持ちぶさたなんです。僕はどうしていたらいいですかね？」

そう尋ねると、先生は、

「息を大きく吸って、スーッと少しずつ静かに吐きながら、手を下ろしましょう。その姿勢で、演奏が完全に終わるのを聴いていればいいと思います」

と言ってくれた。

やってみると、とても落ち着く。しっかり歌いきった感が出るのだ。

「そうか、そうか。では、この歌の最後はどうですか？　僕は右手を上げたいと思うんですけど……」

「片手だけ上げると身体の軸がブレるので、音がズレる可能性があります。上げて終わりたいというならば、両手を上げたほうがいいかもしれません」

「ああ、なるほど」

歌い方だけでなく、歌い終わりのポージングにも、一つひとつ意味があるのだ。細かいところまで詰めの相談をしたことで、一曲一曲、納得のいく終わり方ができるようになった。


午後3時からゲネプロだった。衣装、照明、音響など、すべて本番と同じように通しリハーサルをする。

午前中に先生と相談したことをやってみる。

とてもいい感じだ。演奏と歌とに一体感が出たような気がする。

のどの調子は悪くない。

最高のコンディションで、本番を迎えることができそうだ。

夢が現実になった！

いよいよ開演のときを迎えた。

2019年2月2日、ニューヨーク時間午後7時30分、僕はカーネギーホールで二番目の規模のザンケルホール（座席数599席）のステージに立った。

1891年にアンドリュー・カーネギーが創設したアメリカきっての音楽の殿堂。歴史ある建物には、風格が漂っている。数多くの、世界の著名な音楽家たちがこの舞台に立ってきた。多くの音楽家たち、音楽を愛する人々によって培われてきた有形無形さまざまな歴史の重みのようなものが、詰まっている場所。

音楽を専門にやっている人たちにとって、カーネギーホールというのはやはり特別な感慨の湧く場所らしい。これまで相当いろいろな舞台を踏んできている彼ら、彼女らが舞台袖で、

「ああ、こんなに緊張するのは久しぶり」

「足がガクガク震えている……」

などと言っていた。

僕自身はというと、もっと緊張してしまうかと思っていたが、意外と落ち着いていた。この夢の場所に、ついに演者として立つんだという高揚感はあったが、不思議なほど冷静だった。


僕が歌ったのは全部で10曲だ。
1　アグスティン・ララ「グラナダ」
2　プッチーニの歌劇『トスカ』より「星は光りぬ」
3　山田耕筰「赤とんぼ」
4　ヴェルディの歌劇『椿姫』より「乾杯の歌」
5　プッチーニの歌劇『トゥーランドット』より「誰も寝てはならぬ」
6　いずみたく作曲、永六輔作詞「見上げてごらん夜の星を」
7　アメリカンポップスの「プレイヤー」

8　岡野貞一作曲、高野辰之作詞「故郷《ふるさと》」
9　千住明作曲、前田たかひろ作詞のオリジナル曲「未来《あす》への讃歌」
10（アンコール曲）全員で　キャロル・キングの「You've Got a Friend（君の友だち）」

一貫して心がけていたのは、「うまく歌おう」としないことだった。足かけ5年のレッスンで培ってきたものを素直に表現しよう、今持っている自分の力を十分に出しきろう、と考えていた。

歌の「技術」でいえば、僕よりうまい人はいくらでもいる。共演者のマーロン・サンダースもマリーンもサーシャも、プロとしてその道で活躍している人たちだけあって、とにかくうまいし、魅せる。正直、僕が太刀打ちできるレベルではない。

だが、僕が歌うことで伝えられる想い、届けられるものがきっとある。それを精いっぱい表現しきろう――。そう思っていた。

それが実践できた。最高の集中力で歌えたと思う。

真っ暗ななかに立つ

やはり、生の体験をしてみないとわからないことがある。

先ほども言ったように、僕はアンコールの場面の「成功のイメージ」トレーニングをくり返していた。思い描いていたイメージは、観客の人たちがスタンディングオベーションをしてくれる、その喝采の様子を僕はステージの中央から満面の笑みで見ている、というものだった。

だが、実際には、会場はしっかりと暗転し、ステージからは客席がほとんど見えない。ゲネプロのときとは違ってお客さんで埋め尽くされている気配、その熱気は感じるのだが、客席の反応は何も見えない。わからない。

真っ暗ななかで、闇に向かって歌っている感じだった。

これが、逆によかった。

見えないので、お客さんを気にする、という意識が働かない。完全に歌の世界に集中しきることができた。

おかげで、「人に聴かせよう」とするのではなく、このホール、カーネギーホールの音楽の神様に届けるような気持ちで歌えた。

「神様、これが5年にわたる僕の努力の成果です。いかがでしょうか？　これからも歌いつづけてもいいでしょうか？」

そんな想いだったのだ。

始まる前、ほかのメンバーが「緊張する」と言っていたのは、カーネギーの音楽の神様と向き合うことに対する緊張感だったのかもしれない。

たどり着いたのは、思い描いていたのとは違う境地

アンコール曲「You've Got a Friend」は、出演者が全員で歌い、演奏する曲。

僕の意識は、ほかの3人のヴォーカリストに向かっていた。うまく歌いたいとか、自分の声を響かせたいとか、少しも思わなかった。

マーロン・サンダースは、どんな感じで歌っているか。

マリーンは?

サーシャは?

見ると、サーシャがはじけた感じで歌っている。ソプラノ歌手として日ごろはクラシックを歌っている彼女は、マイクを持って歌う、ポップスを歌う機会があまりないと聞いていた。いつもとは違うステージで、解き放たれた自分が出ているのだろう。リハーサルで見せたことがないくらいノッている。

僕は、ごく自然に、共演の仲間たちのパフォーマンスをもり立てる側にまわっていた。ここで自分の声を響かせたい、自分が目立ちたいという願望はまったく湧かなかった。むしろ、このステージをより盛り上げるにはどうしたらいいかという視点で、全体を俯瞰《ふかん》している感じだった。

確かに、イメージしていたように温かい拍手に包まれてアンコールを迎えることができた。だが、そこで僕の前に広がっていた光景は、僕だけが喝采を浴びるのではなく、みんなで一緒に歌い、一緒に喝采を浴びている、というものだった。

出演者同士、互いに顔を見合わせながら、笑顔で歌う。このときの感覚はなんとも言えない。

ステージに立っている人たちだけじゃない。このコンサートを成功させよう、という想いで、みんなが一生懸命になってくれた。みんながいたから、成し遂げることができた。そういう実感がじわじわと湧いてきた。

僕は、自分が個人としてどのくらい輝けるだろうか、という挑戦がしたくて、歌を始めた。

どうせやるならば、世界一の舞台を目指したいと思った。それで「カーネギーホールで歌う」ことを目標のひとつに掲げた。

しかし、ここにいたるまでに、僕自身のなかでさまざまな変化が起きた。

個としてもっともっと輝きたいという願望は、今も強くある。けれども、今は自分ひとりでそれを実現できるとも思っていないし、それが歌うことの目的にもなっていない。

これは僕の功績ではない。チームで、みんなで、成し遂げたひとつのプロジェクトだ。

ステージ上にいる僕は、半分はアーティスト・世歌勳だったが、もう半分は経営者、ビジネスリーダーとしてこの仕事の出来栄えを見据えている小栗成男《おぐりしげお》だった。

第2章

音楽が気づかせてくれたこと

趣味に情熱を注ぐのはよくないことなのか？

「オペラだかカンツォーネだか知らないが、社長のきみが歌なんぞにうつつを抜かしていて、会社は大丈夫なのか？」

ある経営者の集まりに出たとき、あからさまに言われたことがある。

僕はその方に、丁重にお答えした。

「ご心配いただき、ありがとうございます。ですが、僕は仕事には一切手を抜いていません。全力で取り組んでいます。結果は、数字にも表れています。もっとも、数字が伸びているのは僕の頑張りではなくて、社員たちがしっかりしてくれているからですけど」

昨今、オンタイムとオフタイムに対する考え方、意識はずいぶん変わってきている。それでも、経営者がビジネス以外のなにかに情熱を燃やしていることに批判的な目を向ける人はまだまだ多い。

確かに、かつての日本の企業には「遊ぶ時間を惜しんで、がむしゃらに働け」という体質があった。

だが、今はそういう時代ではない。仕事以外のことに重きを置くのはけしからん、といった発想は、昭和の時代のものだ。

今はむしろ、仕事に打ち込むのと同じように、趣味や社会貢献など仕事以外の活動にもエネルギーを注ぐことが、相乗的によい結果につながる、と考えられるようになっている。

アメリカの大企業の著名なCEOたちを見ても、みんな多彩な趣味を持ち、ビジネスと同じくらい本気で打ち込んでいる。

一見、仕事とはなんの関係もないような挑戦、活動でも、そこで得た学び、発見が、ビジネスにおいてヒントとなることがあるし、何かのきっかけでビジネスに結びつくようなこともある。

またその逆で、ビジネスで培った知識や経験が、趣味などの活動をもっと深めていくのに役立つこともある。

僕自身、歌に注力してみて、こういったことを実感している。歌が、音楽が、大事なことをいろいろ気づかせてくれる。おかげで、自分という人間の幅が広がった気がしている。

仕事だけ、仕事漬けの人生は、視野がせまくなりがちだ。それは現代のビジネスパーソンとして、決していいことではないと思う。

時間をつくりだすコツ

誰にとっても一日は24時間しかない。しかし、この限られた時間をどのように配分し、どう使うかは、人によって非常に幅がある。

有効に使いたかったら、まずは「時間密度を上げていく」ことだ。

これまで3時間かかっていたことが1時間でできるようになれば、3倍はかどる。15分かけていた作業を3分でできるようにすれば、残りの12分で別のことができる。

行動をスピードアップさせていく習慣をつけると、時間というのは捻出できるものだ。

時間をたくさんかければ、いい仕事ができるのか？

そういう問題ではないことは、今やみんなわかっている。時間を短縮させるということは、雑にやったり、いいかげんにやったりすることではない。時間をかけてやることと同じレベルのことをすばやくやる。それが時間密度を上げる、という意味だ。

ものごとの処理スピードを上げて効率的に動くためには、段取りを考えることも重要だ。

「これの次には、これをやる。それには、こういう準備をしておく必要がある」

「よし、ここで浮いた10分で、それをやっておこう」

「それから、誰だれに何時何分までにこれとこれを用意しておいてもらうよう、頼んでおこう」

段取りを考えるということは、先読みをする、ということだ。

限られた時間でスムーズにことを運ぶために、パッパッと迅速に先読みができると、スケジューリングもどんどん緻密になっていく。

そうやって、仕事もしっかりやる一方で、仕事以外のことにも打ち込む時間をつくっていく。

そもそも、趣味でやることは、「やらなければいけないこと」ではない。自分が好きでやること、「やりたくてやること」だ。その時間をどうにかつくりたいと強く思うことで、自分の日常をコントロールする力も磨かれていく。

歌のための時間は絶対に削らない

「カーネギーホールで歌う」という目標が現実味を帯びたものとなったこの2年ほど、本当に分刻み、秒刻みのハードな毎日だった。

もともと、仕事以外の公職もいろいろ引き受けて活発に動きまわっていた人間だった。そこに、歌に集中する時間が加わったことで、スケジュールはよりタイトになり、行動はより加速度を増した。

しかも、こともあろうに会社のナンバーツーが病気療養のために長期離脱することになってしまい、僕がその分もカバーせざるを得なくなる、という事情も重なり、仕事量は数倍になった。立場上、ほかの役員たちや社員たちに弱音を吐くことなどできない。

彼らには常々、「1秒を無駄にするな」と言って業務のスピードアップと効率化を推奨していることもあり、僕が判断し、処理しなければならないことを滞らせるわけにもいかない。

日ごろから体調管理には注意しているが、さすがに血圧が異常値にまではね上がってしまった。正直、本当につらかった。

だが、どんなに仕事に忙殺されても、僕は歌のレッスンを犠牲にしようとは思わなかった。

逆に、「どうやって練習時間をつくりだすか」「どうすれば時間のロスをもっと減らして練習できるか」をいろいろ考えた。

毎朝、ジムで汗を流すことを習慣にしているので、ランニングマシンの上で、イヤホンをつけて曲を覚えた。

移動の車のなかも、貴重な練習時間になった。

さらに、いつでもすぐにレッスンが受けられるように、会社のなかの環境も整えた。それまでは、先生にご指導を仰ぐレッスン日は先生のお宅に伺っていたが、先生のほうから来ていただけることになった。

また、伴奏をしてくれるピアニストの方と契約し、基本的に週に4、5回、一回2~3時間、練習をサポートしてもらう。その時間以外にも、仕事の合間に僕の時間が空くことがわかると、急遽、来てもらうようにお願いすることもあった。

僕のレッスン時間の確保は、まわりのみんなの協力があったからこそ、できたことだ。

社会人が仕事をしながら何かをやるには、やはり自分だけの努力では難しい。周囲の人たちの理解と協力を得るためには、「自分はこれに情熱を燃やしている」と公言する必要がある。できれば、目指していること、目標や計画も公表しておくほうがいい。

本気で何かの夢に向かって取り組んでいることがわかると、人は応援したくなるものだ。

セルフコントロールの力が磨かれる

人間ドックのとき、検査の後で医師から聞かれた。

「ここ数年、血流の数値がよくなって、血管年齢が若返っています。とくにのどのあたりの血管硬化度がどんどん改善していますが、何か心当たりがありますか？」

「歌をやっています。オペラのアリアを習っているんですが、それですかね」

「なるほどね。歌はいいですよ。呼吸も深くなりますし、大きな声を出す、それもお腹から声を出すというのは、全身運動になりますからね」

歌のため、のどのために、生活パターンに注意するようになったこともいいのだと思う。

不摂生は、声にすぐさま出る。だから、どこかで歌う予定が近づくと、お酒を飲む機会も、酒量もかなりセーブするようになった。

睡眠不足も声に顕著に表れるので、夜ふかしを改め、早めに寝て十分な睡眠を確保するようになった。

出張や旅行でどこかに出かけても、食べすぎたり飲みすぎたりしないよう心がけている。

そういう意味では、生活が激変したといえる。これが、健康面にはいい効果をもたらしているようだ。

人から「こうしなさい」と言われているのではなく、自分で決めて節制しているわけで、自分自身との闘いみたいなところがある。とくにカーネギーホールのステージに立てることが決まってからは、体調に関してかなり神経質にコントロールするようになった。

それでも、ときどき羽目を外してしまうことがある。すると、その後自分のなかで猛烈な反省や葛藤が渦巻く。

歌を始めたときは、こんなに克己心が求められるとは思ってもいなかった。これをずっと続けていると、セルフコントロールの力が相当磨かれる、という気がしている。

レッスンよりもつらかった節制生活

カーネギーホールでのコンサートを間近に控えた2か月間は、のどのため、声のために、体調管理に非常に気を遣い、より自己規制を強めていた。自分の不調が原因で、このコンサートに関わってくれているみんなに迷惑をかけるようなことは絶対にできないと思ったからだ。

ひたすら節制、節制、節制に明け暮れた生活。これは、ある意味レッスン以上につらかった。

僕は仕事柄、人との会食の機会が非常に多い。そのうえ、もともとが「お酒を飲むのが好き」「美味いものを食べるのが好き」という人間なので、それをすべて控えるというのは、自由をもぎとられたような気分になる。

12月、1月は、忘年会や新年会でとくに酒席が増える時期だが、のどのことを考えて、禁酒の誓いを立てた。二次会のお誘いもお断りしたし、もちろん、個人的に飲みに行くことも自粛。早く家に帰って、9時、10時に寝る。

僕は霜降り肉が大好きなのだが、肉を食べた翌朝はどうも痰《たん》が出やすいようだと気づき、霜降り肉を食べることも控えた。

大声で怒鳴ったりすることは、のどによくないだけでなく、メンタルにもよくない。歌に影響するから、とあまり怒らないようにしていた。

それに加えて、まわりの人間が次々とインフルエンザにかかってしまったので、保湿マスクにうがい、手洗いの励行だけでなく、予防注射を打ち、抗インフルエンザ薬タミフルを毎日飲む、という生活。出張でホテルに宿泊するときは、乾燥しやすいので枕元に加湿器をふたつ置いてもらったりした。

節制、節制の毎日で、痩せて、脂っけも抜け、青い顔をしていたらしい。数か月ぶりに会った友人が、

「おい、大丈夫か？　カーネギーで歌うのもいいが、その前に死ぬなよ！」

と言ったほどだった。


2月2日、コンサートが終わった晩、僕は自分に課していた節制を解いた。

この禁欲生活をずっと継続するほど、まだ人間ができていない。これ以上続けていたら、逆にストレスがたまりそうだった。

コンサートの終了後、お世話になった皆さんの慰労会と、僕が務めている酒サムライの集い「國酒の会」を兼ねて、日本クラブのレストランでアフターパーティーを開催したのだが、このときの酒の美味いことといったらなかった。

ルーティンを愛せ！

歌を習ったことで、自分が変わったと思うことがたくさんある。

そのひとつが「ルーティンワーク」に対する姿勢だろう。

昔から、僕はパターン化されたことを強制されるのが嫌いだった。人と同じことを同じようにやるのが嫌い。自由にやらせてもらいたいと考えるタイプだからだ。

新入生、新卒社員のときには、先輩からルーティンの練習とか、ルーティンの仕事とかを命じられる。決まりきったことを、毎日定型的に、ひたすら同じようにくり返す。あの自由度のない感じ、束縛された感じが、イヤでたまらなかった。

ようするに、ルーティンというものに、意義をまったく感じていなかったのだ。

歌を習いはじめてすぐに、僕の前に壁となって立ちはだかったのは、「歌の練習はルーティンが基本だ」ということだった。

退屈な発声練習を毎日毎日くり返さなくてはいけない。早くオペラのあの曲を歌いたい。なのに、まずはのどの開け方、横隔膜の動かし方、発声練習などに多くの時間を費やさなければならない。

地道にそれを積み重ねていくことでしか、正しい声の出し方、いい歌い方はマスターできないという。

(なんで、こんなことばかりやらなきゃいけないんだ。俺はルーティンが大嫌いなんだ!)

その大嫌いなことをコツコツやらなければならなくなったわけだ。

何度、放り出してしまいたいと思ったことだろう。

(こんなこと、やってられるか)と思う。だが、翌朝になると、(ここで投げ出すわけにはいかない)と思い直す。

そんなくり返しだった。

自分としてはかなりの忍耐力をもって、ルーティンの練習をこなした。50歳を過ぎ、若いころよりはいくぶん堪《こら》え性《しょう》がついたのだろう。いや、「歌がうまくなりたい」という気持ちが強かったからかもしれない。

そして足かけ5年、歌に取り組んできた今、僕はルーティンの大切さを身に沁《し》みて知るようになった。

コツコツとやりつづけること、その蓄積から生み出されてくるものに意味があるということに、ようやく気づけた。

今は素直に「ルーティンって大切だな」と思っている。

それだけではない。以前は、自分が「ルーティン」という言葉を使うことなどなかったのに、今では社員に向かって、

「毎日のルーティンワークに怠りはないですか？　ちゃんとできていますか？」

などと言うようになっている。

こんなことを言葉にしている自分に、誰よりも自分自身が一番びっくりしている。

歌によってもたらされた大きな変化だ。

声が変わると、エネルギー値も変わる

僕はよく「声が大きい」と言われてきた。意識してそうしているわけではなく、もともと地声が大きいのだろう。

ただ、声というのはその人のエネルギー値を表す、とも思っている。

かぼそい声しか出さない人は、覇気がなく、自信なげにも見えてしまう。元気よく、ほがらかで、よく聞こえる声を出すことは大事だと以前から思っていた。

歌を始めてからは、日常的な声の出し方もいっそう意識するようになった。

すると、役員会のときの役員たちの声が気になるようになった。

年齢とともに落ち着いた声になるのは普通のことだが、声の印象が暗くて、覇気が乏しく感じられるタイプがいる。社を引っ張っていく役員がそんな声の出し方をしていたのでは、部下の士気を上げていくことはできないだろう。

そこで、役員たちに大きな声、明るく聞こえる声のメリットを説いた。

口角を上げて声を出すと、それだけでもだいぶ違う。

のど元から出すというより、腹から、背中から声を出すことを意識すると、さらに変わる。

声のトーン、音色、話の緩急、身ぶり手ぶり、ジェスチャーなど、声楽を学んだことで僕自身が体得したことも活かしてレクチャー。練習もしてもらった。

すると、みんな声に力がこもり、明るく聞こえるようになった。声が力強くなると、表情も変わる。イキイキしてくる。

通る声で話すと、同じことを言っていても、言葉に説得力が出る。

面白いことに、仕事に対する姿勢も前向きになり、自信がみなぎってくる。

役員の顔に、以前よりも笑顔が増えた気がしている。

声を出すことは、息の入れ替えになる。それによって、内にたまっている気を吐き出し、新鮮な気をたくさん取り込むことができる。だから、カラオケで歌うことはストレス発散になるのだ。

役員がみんなで「オー・ソレ・ミオ」「未来《あす》への讃歌」を練習して、年末のパーティーで幹部社員たちの前で披露したところ、なかなか盛り上がった。

声の持つ威力を再確認したのも、僕自身が歌と真剣に取り組んだからだ。

ビジネスにおいて、声は実に大事な要素。営業、接客などの現場でも、会議やプレゼンテーションの場でも、絶対に声を意識すべきだ。

音声や動画を録《と》ってみると、自分がどんな表情で、どんな声で話しているのかを客観的に確認することができる。誰かにメッセージとして送り、「どう変えたらもっとよくなるか」をアドバイスしてもらうのもいいだろう。

イメージを具体的につかみ、なりきる!

この5年の間に、僕はいろいろな歌の先生にご指導いただく機会を持った。

よく言われたのが、

「その歌のイメージを、しっかりつかんでください」

ということだった。

例えば、僕がオペラ『トスカ』のなかの「星は光りぬ（E lucevan le stelle)」という歌が好きだと言うと、先生はこう言われた。

「『トスカ』はいつの時代の、どんな政治背景のなかでのドラマなのか。これを歌うカヴァラドッシという役柄の人物は、どういう状況にあり、どういう心情で歌うのか。まずはそこをしっかり勉強してきてください」

歌の背景、時代性、状況などを理解することで、その役柄の人物の心模様を、より具体的にイメージすることができるようになることが大事なのだという。

『トスカ』の舞台となっているのは、1800年のローマだ。ナポレオン率いるフランス軍がヨーロッパを席巻《せっけん》しているさなか。

有名な歌姫であるトスカには、画家の恋人、カヴァラドッシがいる。しかし、カヴアラドッシは政治犯の逃亡を手助けしたことで、人生が激変してしまう。銃殺刑に処せられることになるのだ。

愛しいトスカのことを想い、牢獄のなかで星を見ながら、死にたくないという気持ちを切々と歌い上げる。その曲が「星は光りぬ」だ。

勉強して『トスカ』の舞台背景を知れば知るほど、確かにカヴァラドッシの気持ちへの理解が深まっていく。


一度、ハワイでレッスンを受けたある先生からは、さらに細かいことを言われた。

「カヴァラドッシがこの歌を歌っているのは、夜の何時ですか？」

「気温は何度ぐらいですか？」

「拷問され、血に染まった彼の衣服はどのくらいの重さがありますか？」

「とらえられている牢獄から、星はどう見えていますか？」

「そのとき、どんな香りが漂っていますか？」

「砂を踏む音は聞こえていますか？」

（そんなこと知るわけないじゃないか）と思った。

しかし、こういうことを自分自身の感覚としてつかめていなければ、本当に感情移入することはできない。感情移入できなければ、その心情を表現するような歌は歌えない、と先生は言う。

死んでいかなくてはならない人物の立場になって考えられるか。

感情移入するには、本気でなりきる意識が必要だ。いかに「自分ごと」にするかが大切なのだ。

その先生に教えていただいたのはハワイ滞在中の数回だけだったが、「本気でなりきる」「自分ごとにする」というイメージをしっかり持つようになったら、歌の世界観に深く入っていけるようになった。

どうしたら心に響く歌を届けられるか

カーネギーのコンサートで自分が歌う予定のすべての曲に対して、僕は自分なりのイメージを明確につくり上げることにした。

「星は光りぬ」「妙なる調和」「衣装をつけろ」「誰も寝てはならぬ（Nessun dorma)」（プッチーニの歌劇『トゥーランドット』）、「乾杯の歌（Brindisi)」（ヴェルディの歌劇『椿姫』）のようなアリアは、オペラのあらすじを把握し、その背景にある歴史や文化などについてもいろいろ勉強した。その登場人物の気持ちにどこまでなりきれるか。そういう想いでずっと練習してきていた。

困ったのが、「赤とんぼ」や「故郷」といった日本の童謡だ。これまでほとんど歌ったことがない。

ふと思い出したのが、20年近く前、アメリカで暮らしていた2年間のことだった。もともと演歌に興味がなかった僕が、大晦日の紅白歌合戦のテレビ放映を観たとき、とても感動した。演歌の歌詞が、言葉が、痛いほど心に沁みたのだ。祖国を離れて生活していると、日本の歌というものがこんなにも心に響いてくるものかと、僕はそのときに実感した。

歌の力というものは、ああいうものなのではないか。今回のコンサートを聴きに来てくださるのは、日本を離れてアメリカで暮らしている方たちが多いだろう。日本に、自分の故郷に、強い郷愁を抱いていると思われる。その方たちの感情に、想いを寄せて歌えばいいのではないだろうか。

もちろん、「赤とんぼ」を聴いて心に思い浮かべる夕焼けや懐かしい情景は、一人ひとりみんな違う。しかし、僕にとっての懐かしく忘れられない夕焼けの情景を強くイメージして、それを心から懐かしんで想いをこめて歌うことで、聴く人にとっての忘れえぬ情景を彷彿《ほうふつ》させる歌になるはずだ。

「赤とんぼ」「故郷」の2曲の童謡のほかに、坂本九さんが歌った歌謡曲「見上げてごらん夜の星を」も歌うことにした。歌詞が優しく、心励まされる歌だ。

僕は、正直言って場慣れもしていないし、プロの歌い手のようにうまくはない。だが、歌を通して熱い想いを伝えることはできる。

そういう気持ちで練習しているうちに、イメージを明確に持って、心をこめて歌うということは、実は「人の心に寄り添うこと」なのだと気づいた。

歌の世界観に寄り添い、歌を届けたい人たちの心に寄り添うように歌おう——。

そう心が決まると、肩の力が抜けてきた。

あの日、僕が意外に緊張しなかったのは、「うまく歌わなくては」という気負いがなかったせいかもしれない。

歌がもたらしてくれた変化

人の心に寄り添おうと考えるクセをつけていると、自然と「人の気持ち」に対する感度が高くなる。相手の立場に立って考える、というスタンスが身につくのだ。

歌に対してだけでなく、日常的にも、

「この人は何を感じてこうしたのか。今、どんな想いでいるのか」と相手の気持ちに寄り添おうとする気持ちが湧くようになった。

それによって、日常におけるコミュニケーションのあり方が変わった。

いや、正確に言えば、相手は別に変わっていなくて、僕の心持ちが変わっただけなのだろうが、人との会話のやりとりにもちょっとした変化が生じるようになったのだ。

シビアに歌に取り組むことで、感覚が繊細になったとも思う。

例えば、声で正確な音程をとるには、微妙な違いに気づけるようにならないといけない。

自分では正しい音程で歌っているつもりでも、ちょっとでも外れていると、

「違います！」

と先生から厳しく指摘される。

「ファ」なら「ファ」の一音のなかでも、ほんのわずかでも低くズレると、「ぶら下がっている」とダメ出しされ、逆にほんのわずかでも高くズレると「うわずっている」と言われる。ピアノなら「ファ」の鍵盤を叩けばつねに同じ音が出るが、声は機

械ではないからそうはいかない。しかし、その微差を修正できるまで、何度も何度もやり直させられる。

本格的なオペラ歌手の世界ともなると、ひとつ音を外しただけでギャランティーが下げられたり、次の仕事がなくなってしまったりするのだそうだ。

音程ばかりではない。リズム、テンポ、歌詞の発音、譜割り……。ちょっとした誤差も許されないところがいろいろある。

そういう練習を積み重ねたことで、感覚が研ぎ澄まされてきたようだ。

すると、日常生活やビジネスの現場でも、ディテールに細やかな意識が届くようになった。

「感性を磨く」というのは、自分の感覚がそうやって具体的にシャープになっていくことではないだろうか。

歌がもたらしてくれた変化はまだある。

歌のイメージを把握しようと、オペラについて調べたこと、勉強したことが、自分の知識として身につき、教養が広がったとも感じている。

先日も、イタリア人のお客さんと歌の話題をきっかけに大いに話が盛り上がった。どんな音楽も、その背景にはさまざまなドラマがある。歴史的なもの、地域的なもの、派生して得る知識の裾野は広い。おかげで、コミュニケーションにも奥行きが出るようになったといえるだろう。

音楽を通じて学んだことが、いろいろな場面で活かされている。こんなにさまざまな変化をもたらしてくれるとは、思いもしていなかった。

（もし、歌を始めていなかったら、こういうことを知ることはできなかった。こんなこともわからなかった……）

歌をやっていなかった人生を想像すると、学べていなかったことがとても多くて、ちょっと恐ろしくなるくらいだ。

第3章

夢はひとりでかなえるものじゃない

きっかけは声を褒めてもらったこと

なぜ、50歳で突然歌を始めようと思ったのか。

それは、指揮者として世界を舞台に活躍している音楽家の方や、音楽事務所の方たちと談笑していたときのことだった。

「小栗さん、とてもいい声してますね」

「声だけだったら、東京藝大受かるレベルですよ」

と言っていただいた。

僕は素直に喜んで、

「今から本気で歌やろうかなあ、アハハハハ」

と冗談めかして答えた。

話の勢いで言ったのがすべての始まり。

「小栗さんの声は、テノールですね。張りもあるし、伸びもいい。オペラ向きの声質ですよ」

僕はますます気をよくした。

「オペラ、いいですねえ。オペラ歌手、目指しちゃおうかな。……でも僕、譜面がまったく読めないんですよ」

「そんなこと、まったく気にする必要ありません。プロの超一流音楽家のなかにだって、譜面が読めない人はいますから」

今思うと、この言葉に背中を押されたといえるかもしれない。

「面白そうだ、やってみたい！」という熱い衝動が、自分の内側からマグマのようにあふれてきた。

その日から「歌」「オペラ」といった言葉が、頭から離れなくなってしまった。

50歳からオペラのアリアに挑戦する――この発想は、僕自身がポッと思いついたわけではない。自分のなかにまだ潜在力がある、人生を楽しくしていく可能性が開けていることに、気づかせてもらったのだ。

それで、僕の心に火がついた。

以来、「音楽」を媒介としたいろいろな人との出会いや絆が、どんどんつながりはじめていく。人生とは面白いものだ。

この声は「ギフト」かもしれない

実を言うと、声を褒められたのはこれが初めてではなかった。母が日本舞踊・西川流の名取という縁で、僕も少し長唄を習っていたことがある。そのとき、指導をしてくださった方から、

「成男さんは筒が太くて、しっかりしている。長唄の世界、本格的にどうですか？」

と誘っていただいたことがあった。

邦楽では、腹からしっかり太い声が出せることを「筒が太い」と表現するという。僕は、自然とそういう声が出せているらしいのだ。

申し訳ないことに、そのときはあまり興味が持てなかった。

日本の伝統芸能に対するリスペクトの気持ちはある。素晴らしい世界だ、とも思う。だが、正直、長唄は地味なように思えた。主役か脇役かといったら脇役、華やかな舞台に立つ踊り手や演者をサポートする側だ。

僕は、華やかなライトを浴びる側への憧れがあったので、気持ちが動かなかったのだ。

その点、オペラにおけるテノール歌手の立ち位置というのは、まさにスポットライトの中心。男声のなかでもっとも華があるパートだ。

当時はまだオペラに詳しくなかったが、テノールには二枚目の色男の役が多いことは知っていた。

オペラはワールドワイドな芸術だ。アリアの名曲は、世界中で人気がある。三大テノールのようにアリアを歌えたらどんなにいいだろうか。ステージに立ち、アリアを熱唱する自分の姿を想像すると、ワクワクする気持ちが止まらない。

思えば、いろいろなところで「声が大きい」「よく通る声だ」と言われつづけてきた。

（この声は、ひょっとしたら僕に授けられた「ギフト」なのではないか）

ふと、そんな想いが脳裏に湧いてきた。

新しい挑戦をためらう理由は何もない。

僕は、50歳にして「声楽」という新たな扉を開けることにした。

覚悟を固めるために人に話す

やると決めたからには、徹底的にやらずにはいられない。「趣味なんだから、余興でちょっと披露できるようになればいいじゃないか」みたいなことは考えられない。

やるからには、本気で全力投球する。そのために、高めの目標、大きめの夢を思い描く。

歌を始めたときも「趣味」などという言葉は一切使わず、「オペラのアリアを歌うプロのテノール歌手」になると宣言した。

かなえたいことを、僕はいつも人に話す。オープンにしてたくさんの人に知ってもらったほうが、実現の可能性を高めると思っているからだ。胸のなかで想っているだけでは何も変わらない。思いは口に出してこそ、力を持つようになる。

何かの折に、「こんなことを始めた」とか、「今、こんなことに挑戦している」「こんなことを目指している」と話しておくと、さまざまな情報やヒントをいただけることが多い。

人に話し、真剣に取り組んでいることがわかってもらえると、それだけ、助けてもらったり、チャンスを与えてもらったりすることも増えるのだ。

仕事で知り合った人の場合、ふだんはプライベートなことを話す機会はあまりなかったりもするが、こちらからざっくばらんに話すことで、話題が広がったり、思わぬ共通点が見つかったりすることもある。そこから、これまでとはまた違った絆ができたりもする。

宣言してしまうことで、「もう後には退《ひ》けない」「途中でやめられないぞ」と不退転の覚悟もできる。

「テノール歌手になって、オペラのアリアを歌うことにしたんですよ」

僕が言うと、

「なに寝ぼけたこと言っているんだ」

「またそんなホラ話を……」

と鼻で笑う人もいた。

批判的な目を向けたり、否定的なことを言ったりする人はどこにでも必ずいる。だが、それも考えようによってはありがたいことなのだ。なぜなら、発奮材料にできるから。

(ホラなんかで終わらせないぞ、絶対かなえてみせるからな!)

負けん気の強い僕にとって、いい刺激剤となる。


自分がやりたいこと、実現したい夢などを、あまり語ろうとしない人も多い。「みんなに言ってしまって、できなかったら恥ずかしい」とか「失敗するかもしれないから、あまり人に知られたくない」といった心理が強く働いているのだと思う。

できないこと、失敗することは、別に恥ずかしいことではない。最初からすんなりできてしまうことなどないと思っていればいい。今の自分がいろいろなことができるのは、できないことにチャレンジした結果、できるようになったことばかりなのだ。つまり、失敗の蓄積で今の自分がある。誰だってみんなそうだ。

だから、できないこと、失敗することを恥ずかしがる必要はない。

「人からどう思われるか」ということを気にしすぎるのもよくない。本当にやりたいと思っていたら、人がどう言おうがやりたいという想いは潰せないだろう。「恥ずかしい」とか、「失敗して傷つきたくない」とか言わない。それは、実は自分自身が変化したくないことへの口実にすぎない。

変わらずに、今の自分のままでいたいのであれば、それでもいいと思う。でも、多くの人は、変わりたい、成長したい、自分の世界を広げていきたいと思いながら、それをなかなか実践できずにいるのではないか。

「どうしたいのか」「自分は何を望んでいるのか」、想いを整理し、覚悟を定めるためにも、人に話してみるといい。

不言実行、誰にも言わずにひとり自分の心のなかで誓って実践することを美徳とする人もいるだろうが、僕は「有言実行」のほうがメリットが大きいと思っている。

人がつないでくれるご縁

実際、歌を始めてからも「人つながり」でさまざまな恩恵を受けた。

「こんな声楽の先生を知っているよ」と情報をもらって、紹介していただいたりもした。

例えば、以前から交流のあった作曲家の千住明《せんじゅあきら》さんが、名古屋在住の声楽家の方を紹介してくださった。

イタリア・ボローニャ歌劇場やドイツ・ドレスデン国立歌劇場などで活躍し、日本でも数々の公演を重ねながら音楽大学の講師を務めている森雅史《もりまさし》さんだ。

そのご縁で、僕は森さんに個人指導をお願いできることになった。

森先生と奥様（ピアニストの岩渕慶子さん）には、発声の基本的な部分から、歌詞の発音、そして人前で歌を披露できるようなレベルにいたるまで、懇切丁寧に教えていただき、本当にありがたかった。

ただ、森先生ご自身はバス、僕はテノールと声の領域が異なることから、その後、テノールの江端智哉先生に師事することになった。

ほかにも、スポット的に内外の一流の声楽家、声楽講師の方から教えを受けることができた。ニューヨークではメトロポリタン歌劇場でオペラマスタークラスの講師をしている先生、カーネギーホールのティーチングアーティストの方にも個人レッスンをお願いした。

僕自身の力だけでは、とてもお願いすることはかなわなかっただろう。人のつながりで、いろいろな方が協力してくれたおかげだ。

カーネギーホールでコンサートを実現させることができたのも、ひとえに人のつながりの賜物《たまもの》だった。

カーネギーホールに立つという夢

なぜ、カーネギーホールのステージに立ちたいと思うようになったのか。

それは、自分の力を「世界」という大きな舞台で試してみたかったからだ。

中学生のころから、僕には「世界を舞台に活躍したい」という漠然とした憧れがあった。いつの日か世界に出ていくときのために、英語もけっこうしっかりやっていた。

就職活動をするときには、海外でのビジネスに携わりたいと大手商社を受け、内定をもらっていた。

しかし、いろいろ考えた末、家業の自動車販売の仕事に就くことにした。それが、この家に生まれた息子としての自分の使命だと思うようになったからだ。

自分で選んだこの道に、後悔は微塵《みじん》もないつもりだった。だが、どんなに頑張っても、心が晴ればれとしない。次第に、

「俺の人生、本当にこれでいいのか？　自分の夢に挑戦しないままでいいのか？」

という疑問が頭から離れなくなってしまった。

その後、研修でアメリカ本土に渡った。


紆余曲折《うよきょくせつ》を経て、数年後に古巣に戻った。そのときから、僕はやりたいことをあきらめない生き方をするようになった。

仕事は全力でやる。しかし、仕事以外のやりたいことにも、全力で情熱を注ぐ。

いろいろなことに挑戦してきた。そのひとつとして出会ったのが、歌だった。

アメリカに渡ってから、しばらくニューヨークで暮らしていた時期があった。さまざまなエンターテインメントに触れた。カーネギーホールにも行った。マンハッタン7番街57丁目にあるアメリカが誇る音楽の殿堂。世界中のさまざまな音楽家たちが、この舞台に立つことを夢見る場所——。

僕の脳裏に、天啓のように、

「あそこで歌いたい」

という想いが湧いた。

自分の声というギフトを活かすことで、そんな夢もかなうかもしれない。あのカーネギーホールのステージに立てたら、そこで喝采を浴びることができたら、どんなに幸せだろうか。

50歳の、音楽ど素人のビジネスパーソンが、カーネギーホールのステージに立って、オペラ・アリアを歌うことを目指す。そんな奇想天外な夢があってもいいじゃないか。チャレンジしたい気持ちはあるけれど踏み出せない人たちに、勇気の芽くらいは与えられるかもしれない。

そんなことを考えたのだ。

みんなが元気になれるコンサートを

カーネギーホールのステージに立つ——明確な目標を持った僕は、会う人会う人にそれを言うようになった。

すると、あちこちからいろいろな情報が入ってくるようになった。応援してくれる人、協力しようとしてくれる人が現れ、人のネットワークできっかけが見つかる。ホールの管理・運営を行うカーネギー財団にホールの使用申請をするには、どのようにしたらいいかをアドバイスしてくれる人もいた。

どんなコンサートなら実現性が高いか、人づてに紹介してくれる人もいた。

そうやって知り合うことができたのが、ニューヨーク在住の世界的ギタリストで、アレンジャー、音楽プロデューサーである吉田次郎さんだった。


カーネギー財団には、年間3万以上の申し込みがあるといわれている。審査を通過するためには、カーネギーホールで行うことに意義が感じられるイベントであることが必要になる。

プロの歌手として活躍しているわけではない僕がやるにふさわしいのは、どんなイベント、どんな音楽活動だろうかと考えた。

つねづね、日本文化を世界に伝え、国際的なコミュニケーションを図る活動にいろいろ携わってきた。未来を担う子どもたちのために、会社をあげてボランティア活動なども行っている。

自分が関わってきたさまざまな活動を考えたとき、異文化交流と相互理解の奨励、夢をもって何かに挑戦する前向きな気持ちの鼓舞というのが、僕の持ち味だと思った。そういうスタンスで、「国境も文化も超えて、聴きに来てくれる方たちを元気にする歌を届けたい」――、そんなふうに考えていた。

たまたま人を介して知り合うことができた吉田次郎さんが、この趣旨に共感してくださった。

人望あつい次郎さんの人脈で、世界の第一線で活躍しているヴォーカリストやミュージシャンが集まってくれることとなり、音楽のジャンル、文化の違いという垣根を超えたステージが実現する運びとなったのだった。

カーネギー財団の審査も、運よく通過することができた。そもそも創設者であるアンドリュー・カーネギーは、大実業家にして慈善活動家であり、社会貢献への関心が高かった。僕がビジネスリーダーでありながら歌と取り組み、音楽を通じて広く社会に貢献しようとしている姿勢も含めて、認めていただけたのだと理解している。

縁もチャンスも、本当に人が広げてくれる。

「世《せ》歌《か》動《い》」という名前の由来

目指すなら世界一。つねに世界を視野に入れていて、歌で世に功績を残したい。

「世歌動〈sekai〉」は、そんな僕の想いをいろいろ伝えて、知人に考えてもらったアーティストネームだ。

歌は言葉の壁を越える。

歌は人の心を開かせ、打ち解けさせ、感動を呼ぶことができる。

歌を通じて、社会に、世界に、橋を架けていきたい。

世の中に歌の力で貢献する――。アーティストネームの「世歌動」という漢字には、この想いが強くこめられている。

「自分の『声』という楽器で、世界中に音楽を届けたい」

「音楽の力で、世界中にコミュニケーションの輪を広げたい」

僕のなかにはそういうビジョンがある。

カーネギーホールでのコンサートは、そのための第一歩という位置づけだ。

カーネギーホールで歌うことが目的なのではなく、世歌動として世界に羽ばたくための一歩。そんなふうに考えたのだった。

魂を揺さぶる出会い

音楽を通じてたくさんの交流があるなかで、僕に非常に影響を与えるようになる人物との大切な出会いがあった。

それが輪嶋東太郎《わじまとうたろう》という男だ。音楽プロデューサー、音楽事務所の社長。オペラへの造詣が深く、独自の理論を持っている。

「小栗さんと気が合うんじゃないかな」

と、付き合いのある出版社の編集の人が紹介してくれたのだ。

彼の功績として最もよく知られているのは、韓国人声楽家ベー・チェチョルさんの復活劇の立役者となったことだ。

テノール歌手として大活躍していたベーさんは、甲状腺がんの手術で声を失ってしまう。失意のベーさんのもとを訪ね、声が出なくなって絶望しているベーさんを韓国から日本に連れてきて、声帯再生手術を受けさせたのが、輪嶋東太郎だ。

これにより、ベーさんは奇跡の復活を遂げることができた。

彼自身がプロデュースに加わって製作されたベーさんの実話映画『ザ・テノール真実の物語』で、伊勢谷友介《いせやゆうすけ》さんが演じたのが輪嶋氏だというと、わかりやすいかもしれない。

僕は輪嶋東太郎と知り合って、ものの見方、考え方が大きく揺さぶられた。

彼は、僕がムカッとするようなこともはっきり言う。「このやろう！」と言いたくなることもある。

しかし、冷静になってなぜ腹が立つかと考えると、彼の指摘が図星だからだと気づく。そして、自分の考え方の浅さだったり、いたらなさだったりというところを、あらためて考えさせられるのだ。

その言葉は心に深く刺さり、ときには僕の人生観までグルグル掻き回す。彼の影響で考え方が180度変わったというようなこともある。

得がたい親友を得ることができたのも、人のつながりがもたらしてくれた縁だった。そもそも僕が歌をやろうとしていなかったら、出会うチャンスは訪れなかったということになる。

歌うことの意味

あるとき、その東太郎が言った。

「ごめん、僕は仕事の関係で、カーネギーに聴きに行くことができない。だけど、これだけははっきり言っておく。うまく歌ってやろうなんて、思っちゃダメだよ。必死になって歌に取り組んできた今の自分を見せればいいだけ。どんな大恥、赤っ恥掻いたっていいんだよ。命とられるわけじゃないからね」

僕が晴れ舞台にかける意欲を語っているときのことだった。

彼はさらにこんな意味のことを言った。

上手な歌と、人を感動させる歌は違う。どんなにうまい歌でも、ちっとも心が動かないことはよくある。

歌で本当に大事なのは、うまさではない。人の心に響き、聴いている人を慰めたり、励ましたり、その人の人生にとって一筋の光となるようなものを届けられるのが、いい歌、素晴らしい歌。

だから、みんなにうまいと思ってほしいなんていう気持ちを持たないこと。

たとえたったひとりでも、歌を聴いて感動してもらえることが大切なのだ、と。

しかし、そのときの僕は、とにかく「もっとうまくなりたい」という気持ちでいっぱいだった。だから、うまくなろうとすること、うまく歌おうとすることのどこがいけないんだ、と憮然《ぶぜん》としていた。

「赤っ恥掻いたっていいんだよ」という言葉に、反骨心のようなものも湧いた。

(冗談じゃない! 恥をさらすようなことができるか)

僕のなかでは「何がなんでも成功させてやるぞ」という気持ちが渦巻いていた。

しかし、その日、彼と話したことが、それからずっと頭のなかから離れない。

そんなとき、ロータリークラブの忘年会に出席する機会があった。懇意にしている先輩で、腎臓を患っている方がいるのだが、体調が芳しくないなか、来ておられた。

そして、その方は「スマイル」という曲を歌った。

音が外れたりして、うまいとはお世辞にも言えない。でも、それを聴いていて、僕は泣けてしまった。

その方が、歌がとても好きなことをよく知っているし、その日のために、一生懸命練習されたんだろうなということも想像できる。その方の懸命に生きている姿が歌にそのまま投影されているように思えて、涙なくしては聴けなかったのだ。

それを見て、東太郎の言ってくれた言葉の意味が、スーッと身体に入ってきた。

「うまく歌ってやろうなんて、思っちゃダメだよ」という言葉が沁みわたってきた。

僕は、自分のためにカーネギーを目指していた。それではダメだと、彼は指摘してくれていたのだ。

僕のなかで、自分が歌う意味が大きく変わったのは、そのことに気づいたときだった。

僕がどんなに「うまく歌おう」としたところで、たかが知れている。世の中にうまい歌を聴かせられる人はごまんといる。そうではなくて、ふだんはビジネスマンとして働いている男が、50歳で声楽を始め、必死になって歌の練習をして、こんなふうに歌を届けようとしている、その姿を見せることこそが大切なのだ。

自分のすごいところを見せるためにカーネギーホールのステージに立つのではない。必死に頑張ることで、こんなふうに夢をかなえることができるんだよということを伝えるために歌う。

「うまく歌おう」の呪縛から解かれたことで、僕は迷いや焦りから解放された。それによって、聴いてくれる方に寄り添って歌う、ということが親身に考えられるようになったのだった。

第4章

「負けん気」の哲学

「できん坊主」の反骨魂

子どものころ、僕は「問題児」だった。

母は教育熱心で、いろいろな習い事を身につけさせようとしてくれたのだが、僕は言われたことができず、指導する先生たちの手を焼かせてばかりだった。

習字の先生の罵声は今もしっかり覚えている。

「何度言ってもわからんな。『低能』だなぁ……」

今の時代はこんなことを言う先生はいないが、昭和のころは先生がこんな言葉を浴びせるようなことはざらにあった。

英会話教室の先生は、僕に直接言っても効き目がないと思ったのか、母に文句を言った。

「お宅のお子さんは、少し理解力が弱いんですかね？　このままだと下のクラスに落ちますよ」

そして僕は、下のクラスに落とされた。

僕は、決められたやり方で「こうしなさい」と言われることが苦手。とくに、ルーティンワークが大嫌い。

習字教室では、お手本を見ながら5枚書いて持っていくと、先生が朱色の直しを入れる。それを直して、また先生に見せ、「今日はこれでよし！」と言ってもらえないと帰れなかった。

僕は「面倒くさいな」と思いながら適当に書いて持っていくので、先生に指摘されたところが直っていない。結果、何度もくり返すことになった。

じっと正座して筆を持つのもきつくなって、最後の枚数まで書かずに途中で帰ったり。

今思えば、先生が怒りたくなる気持ちもわかる。

では習字が嫌いだったかというと、そういうわけでもなかった。強制されずに自由にやってよいのであれば、のびのびと力が出せた。

中学のとき、書道大会があり、僕は550人のなかでベスト3に入って表彰された。負けん気の強い僕は、書道大会のために本気で練習したからだ。

当時から、何かのきっかけで「負けてたまるか！」という感情にスイッチが入ると、俄然《がぜん》パワーが出るタイプだった。

みんなと一緒のことが苦手

英会話教室がイヤだったのは、英語が嫌いというよりも、「はい、みんなで一緒に言ってみましょう」と、同じことをやらされるのが苦痛だったからだ。

あまのじゃくだったのか、協調性がなかったのか、「みんなで一緒に……」と指示されることはたいていい好きじゃなかった。

その最初は、幼稚園のときに母に連れられて通うことになった音楽教室だ。

情操教育にいいと思ったのだろう。グループレッスンで、みんなで歌ったり、リズムを取ったり、子どもたちに「音楽の楽しさ」を体感させるところだった。

曲を聴いて、みんなでそれをドレミファソラシドの音階で歌う。

曲に合わせて、みんなで「タン、タン、タタタン」とかリズムを取る。

それから、曲を弾く練習をする。

ほかの子たちは無邪気に楽しそうにやっていたけれど、僕は少しも楽しくなかった。五線譜の描かれたホワイトボードに、マグネット製のおたまじゃくしを並べて、メロディや和音にする、というようなこともやった。これがまた、さっぱり理解できない。

行きたくないので、音楽教室のある日は逃げまわったり隠れたりしていた。サボるから、おたまじゃくしの音符並べなど、ますますついていけなくなる。

結局、半年も続かずにやめることになったのだが、それ以来、五線譜におたまじゃくしが並んでいるのを見ると、反射的に頭と身体が拒否してしまうようになった。

困ったことに、学校の音楽の時間では、この苦痛を「授業」として強制的に受けさせられる。

「合唱しましょう」

「合奏しましょう」

「みんなで一緒に手拍子で」

どうしてみんなで同じことを同じようにやらなきゃいけないのか。もっと自由にやらせてくれたら楽しいのに、窮屈でたまらない。

だいたい、みんなは、音楽の教科書のこのおたまじゃくしの行列がちゃんと読めているのか？　楽譜を見ると頭がフリーズしてしまう僕は、やっていることの意味がわからなかった。

あるとき、音楽のペーパーテストがまったくわからず、テキストを見てしまった。先生から大目玉を食らい、その期末に受け取った成績表では音楽は「2」だった。

「音楽を習う」ことにいい思い出がなかった。

ほかのやり方でできればいいじゃないか

もっとも、音楽そのものは好きだった。

祖父がステレオやスピーカーに凝っていたので、非常にいい音で音楽を聴ける環境にあった。祖父や父がレコードを聴いていると、覗《のぞ》きに行って、自分もその脇で迫力ある音楽に耳を傾ける。全身が大音響に包まれる感覚は、とても心地よかった。

中学生になると、ひとりで自分の好きなレコードをかけて楽しんだりするようになる。とくに、映画音楽やミュージカルの曲を好きになった。

自由に歌ってよければ、自分で歌うのも好きだった。

聴いて音をとらえることは得意だ。耳はけっこういい。好きな歌はみんな「耳コピ」で覚えてしまう。

高校の文化祭で、僕がメインヴォーカルを取ってオフコースの曲を歌ったことがある。もちろんすべて耳コピした。

自分の耳コピ力に自信があった。だから、「楽譜がなんだ、あんなものなくてもうまく歌える。全然困らないぞ」と思っていた。

基本的に、僕はできないことをクヨクヨすることがなかった。「できないのは、そのやり方が自分に合わないだけ。別のやり方だったら、きっとできる」、そう思っていれば卑屈になることはない。「このやり方は自分には合わなかったけれど、別のやり方を見つければいいだけだよな」と思える。

何かを始めてみたものの、あまりうまくいかないようなとき、すぐに「自分にはこの分野での才能がないんじゃないか」「これは苦手なジャンルだ」などと決めつけないほうがいいと思う。

一旦、「苦手」というレッテルを貼ってしまうと、前向きな気持ちにブレーキをかける。「見えない心の壁」になる。だから苦手意識は持たないに限る。

アプローチの仕方を変えればいいだけだ。「苦手だ」と思わなければ、やり方を変えて何度でも再チャレンジができる。

こう考えているので、僕は日ごろからできるだけ「苦手」という言葉を使わないように心がけている。

50歳からの挑戦はなぜ「歌」だったのか

なぜ50歳にして突然、声楽にチャレンジする気になったのか。

これまでの人生でやってきていないことだからだ。

40歳を過ぎたころから、音楽に限らず、これまでの人生でやらずにきたことに対して、「少しはかじっておけばよかったなあ」と思うようになった。

日本舞踊をやっている母のつながりで長唄に挑戦してみたのも、音楽に触れてみたくなったからだった。

日本の古典芸能に触れるのも初めてで、それはとても興味深い世界だった。しかし、前にも書いたように、長唄では満足しきれないものを感じていた。声を褒めていただき、オペラ・アリアを歌ってみてはどうかと言っていただいたのは、そんなときだ。

人があまりやっていないなそうなところも気に入った。

もし僕のなかに「声楽なんて音楽の授業のようなことをやらなきゃいけないんだろう、それは苦手だ」とか、「譜面が読めないから無理だ」という気持ちがあったら、声を褒めていただいても躊躇《ちゅうちょ》していただろう。

「声楽といっても、耳コピでなんとかなるんじゃないかな」という気持ちだったから、やってみる気になれたのだ。

実際には耳コピでどうにかできるものではなく、楽譜とがっつり格闘することになったが、気楽に飛び込むことができたのは楽観的なのが幸いしたのだ。

中年を過ぎて、昔やっていたことを再び始めるという人も多い。「昔取った杵柄《きねづか》」とはよく言ったもので、若いときに集中してやったことは、歳をとってから久しぶりにやっても、勘を取り戻すのが早い。

そういう楽しみ方もいいと思うが、僕はすでにできることではなく、何か新しいこと、これまでやれていないことに挑戦したかった。違う自分に出会いたかったのだ。

動機づけや目的意識があるとスイッチが入る

中学生になってからの僕は、英会話教室で下のクラスに落とされたことがウソのように英語の勉強にやる気が出た。

それは、尊敬していた祖父の言葉に刺激を受けたことが大きかった。

「シゲくん、英語は勉強しとけよ。英語ができれば、世界が広がる。日本国内だけじゃなくて、世界を相手にできる。英語はしっかりやりなさい！」

祖父にかけられた言葉が、僕の胸に響いた。

祖父は苦労人だった。大学は法学部に進んだが、「これからの時代は必ず英語が必要になる」と考え、英語の勉強を一生懸命したという。

まだ日本人のほとんどが英語なんてしゃべれない時代のことだ。英語ができたため、祖父は輸入車を販売する会社で働くことになった。人生がどんどん開けたのは「英語ができたこと」が大きい、というのだ。

その話を聞いてから、僕は「絶対に英語がしゃべれるようになりたい」と強く思うようになった。

それで、英語の勉強だけははりきってやった。やれば成績もよくなる。自信がつくから、好きになる。楽しいと思い、さらにやる気が出る。

「なぜそれをやる必要があるのか」が明確になると、やる気はかきたてられる。

また、「こうなりたい」というビジョンや、「あの人のようになりたい」という憧れの存在ができると、やる気が継続しやすい。

ニューヨークの摩天楼のポスターを見て、

「僕も世界を相手にしたいなあ」

という想いを強くしていったのもそのころだ。

自分の強みはどこにある？

アメリカに、ＮＡＤＡ（National Automobile Dealers Association）が主宰するビジネススクールがある。ＮＡＤＡは全米自動車販売店協会、アメリカ中の新車ディーラーが加盟している協会のことで、ディーラーの人材教育のためのアカデミーを持っているのだ。

30代のとき、そこでオーナー志願者のためのプログラムと、ディーラー経営のための総合マネジメント戦略プログラムを受講した。

コースの参加メンバーはほとんどがアメリカ人、しかもゼネラル・マネジャーやセールス・マネジャーとして実務経験の豊富な人ばかり。財務諸表の分析などの講義を英語で理解し、膨大に出される宿題をこなさなくてはならないハードな内容だった。クラス38名中、日本人は僕ひとり。相談したり、協力しあえる相手がいなかった。

アメリカ人はフレンドリーに接してくれるが、実力に対してはシビアに見ている。

僕は周りから「この日本人は、そのうち落ちこぼれて出てこなくなるだろう」という目で見られていることをひしひしと感じていた。

「悔しいな、負けてたまるか！」

必死に食らいついていった。


卒業前に、自分が将来、どんな経営をしていきたいかを各自がプレゼンテーションする。当時の僕は会社経営の実務キャリアもない、ネイティブのような英語力もない。どうしたらハッとしてもらえるようなプレゼンができるだろうか。

考えた末、デジタルカメラを駆使してきれいな写真をふんだんに取り入れ、自分の思い描く「夢のディーラー像」を視覚的にアピールすることにした。

これが注目を集めた。

「おまえ、すごいな！」

「素晴らしい！」

みんなが絶賛してくれた。

理詰めですごいプレゼンをする人は大勢いた。だが、デジタル画像を使ってビジュアライズしたプレゼンのできる人は、僕のほかにいなかったのだ。

卒業式では、その期の卒業生や父兄数百人の前で、アカデミーの重鎮が僕を名指しで称《たた》えてくれた。

「Shige！ Shige！ Shige！」

クラスメイトの仲間たちも、拍手とともに僕の名前をコールして祝福してくれたのだ。

この経験は、僕にとって大きな自信となった。

これがきっかけになって、「自分の強み」というものを意識するようになった。

僕は、昔からデザイン的にカッコいいものや美しいものが大好きだった。また、新しく開発された製品、機器、アプリなどはいちはやく試してみたくなる。新しもの好きなのだ。だから、デジカメも早くから扱い慣れていた。

そういった、好きだからこそ身についている技術やセンスが自分の強みであること、表現活動において自分の戦略になることを実感したのだ。

自分の強みはどこにあるのか。それを自覚し、伸ばしたり、幅を広げたり、増やしたりしていけば、人生における戦い方の戦略も多彩になるということだ。

僕が新しいことに挑戦するのが好きなのは、もっともっと自分の強みを増やし、戦略を豊かにしていきたいからでもある。

未来《あす》への讃歌

作曲家の千住明さんに、創立50周年になる弊社のメモリアルソングを作っていただけないかとお願いしていた。

打ち合わせのなかで、「みんなが歌えるような曲がいいね」という話が出た。

どんな歌がいいだろうといろいろ話していると、千住さんから、

「歌詞の参考になるような話を聞かせてよ。小栗さんは自分も今、歌っているんだか

ら、せっかくなら、カーネギーホールでも歌えるような曲がいいんじゃないのかな」

と言っていただいた。

私もぜひカーネギーホールで歌ってみたいと思った。

そして千住さん、作詞家の前田たかひろさんに、僕はいろいろな話をした。

前田さんが言ってくださったのは、

「小栗さんはいつも陽気で軽やかで、順風満帆な人生を歩んでこられたように思われがちなのでしょうけれども、実は意外といろんな葛藤を乗り越えてこられているんですね。それを歌にしましょう。いろいろな人の人生の応援歌になるような歌にできたらいいんじゃないですかね」

ということだった。

そうやって作っていただいたのが『未来《あす》への讃歌』だ。

未来《あす》への讃歌

作曲：千住明　作詞：前田たかひろ

絶望が嗤《わら》いながら
手招きする夢を見た
私は逃げずに　でも立ち向かわず
闇の中で迷っていた

目覚めた私はまるで
見抜かれた人のように
強く首を振り　歪《いびつ》な笑顔で
鏡をそっと覗き込んだ

誰だ？　キミは誰だ？
そんな正直な目をするな
人は誰も怯えながら
生きていると気づかすな

この世界は昼と夜
あきれるほど美しい
迷う夢も連れて行こう
私の果て……

あきらめとは甘い毒
クセになってしまうから
ちいさな誓いも　おおきな祈りも

なにひとつ　あきらめたくない

語れ　キミを語れ
ホラ吹きめと言われても
鏡の中　迷うキミを
ウソツキにはさせないから

退屈げに生きるには
ながくはないこの道で
私はもうふりむかない
あきらめない

誰だ？　キミは誰だ？
私に似た臆病者か？

自由と言う不自由さを
もてあまして嘆くのか？

夢の闇で叫べばいい
夢の淵でもがけばいい
それもこれも脆《もろ》く愛しい
私だから

この世界は　昼と夜
くるおしくも美しい
永遠と言う未来《あす》に向かう
私の果て……

この歌には、僕自身の心模様が映し出されている。

だが、これは僕ひとりだけのことではないんじゃないかと思う。誰しもみんな、何かしら悩みの種を抱えている。うまくいかない人生、不安や迷い、鏡のなかのもうひとりの自分を相手に悩み惑う。

でも、あきらめてはいけない。顔を上げ、前を向いて歩いていこう。今日は明日に、明日は明後日に、未来につながっている。あきらめない先には、明るい未来があるから、自分を信じて歩みつづけようよ。

そんな想いがこめられた歌だ。

僕だからできること

カーネギーホールのコンサートで司会を務めてくれたクリスタさんが、僕の紹介をするときに、「Shokunin（職人）」という日本語を用いて、「小栗さんはShokunin的な生き方をしている人」と形容してくれた。

「職人とは、自分の仕事に誇りを持ち、熟練した技術を有する人を意味する言葉で、日本の伝統文化を築いてきた存在である。職人は、卓越したものを生み出すために努力を惜しまない。

小栗さんは、ビジネスに邁進し、社会貢献や異文化交流のための活動に尽力し、そして歌を通じて世界に橋を架けたいという情熱を持っている。今日はそのパッションを皆さんと共有するために、海を渡り、このステージに立った」

そんなふうに紹介してくれた。

また、コンサートのためにニューヨークでいろいろ尽力してくれた方が、こんなふうに言ってくださった。

「クラシックの音楽家を支援するメセナ活動に積極的な経営者の方は、たくさんいます。しかし、ご自身が本気で音楽活動に勤《いそ》しまれるという例は、あまりありません。少なくとも、現役の大企業の社長で、合唱団としてではなく、カーネギーホールのコンサートでオペラのアリアを本格的に歌った日本人は小栗さんが初めてでしょう」

僕は、そんなことまで考えて歌を習いはじめたわけではなかった。単純に、歌ってみたい、世界の人が憧れる場に立ってみたい、という気持ちしかなかった。それだけに、ビジネスの世界の人間が本気で音楽活動をすることに対して、こんなふうに受けとめてくれる人たちもいるんだな、とうれしかった。

歌とがっつり取り組んできたことで、「僕だからできること」「僕だから伝えられること」というものがひとつ増えたのかな、と思っている。それがもし今後、ビジネスにも跳ね返ってくるのであれば、それもまた会社への貢献のひとつではないかとも思う。

カーネギーホールを沸かせた伝説の歌姫

カーネギーホールのステージに立つことを目標にするようになって、ある伝説を知った。

これまでカーネギーホールで行われたさまざまな公演アーカイブのなかで、一番リクエストが多いのは、1944年に行われたフローレンス・フォスター・ジェンキンスのコンサートだという。

聞き慣れない名前だ。それもそのはず、彼女はプロの音楽家ではなく、ニューヨークの音楽界を支援していた裕福なパトロンだった。だが、彼女が一番やりたかったのは、自分で歌うこと。彼女は、人前でオペラ・アリアを披露するようになる。

そして、そのパフォーマンスの特異さにより、注目の無名歌手となった。

というのは、彼女はとんでもなく音痴だったのだ。本人は自分の歌の破壊力に気づかなかったようで、素晴らしい歌を届けようと大まじめに思っていたらしい。

1944年、76歳のとき、フローレンスはカーネギーホールのステージで歌うという夢をかなえる。

チケットは完売、ホールは満場、物見高い観客がホールの外まであふれたといわれる。

実際の音源が残っているので、その歌声を聴くことができる。本当にあっけにとられるような歌唱力だ。「騒音の歌姫」と呼ばれたらしい。だが、出来栄えはどうであろうと、彼女の名はカーネギーホールの歴史に刻まれ、今に轟《とどろ》いている。

彼女をモデルにした映画もある。『マダム・フローレンス！　夢見るふたり』では、メリル・ストリープがマダム・フローレンスを演じていた。


僕はフローレンスの生き方に感動してしまった。

一途《いちず》な情熱と、その覚悟、勇気。人から物笑いの種にされようと、音楽への情熱は揺るがない。自分を信じ、真摯に歌に取り組む彼女の姿勢は、ある意味清々《すがすが》しい。

裕福なマダムという特権があったこと、超絶的に音痴だったこと、話題になる要素はいろいろあったにしろ、それだけで彼女はカーネギーホールの伝説になったのか。

決してそうではないだろう。

傍迷惑《はためいわく》なところもあったかもしれないが、自分をごまかさずに必死に歌っている姿勢が、人の心に何かを与えたのだと思う。

現代はみんながとても常識的になっていて、こういう破天荒さを持ったままの人はなかなかいない。だが、その存在は、僕自身「なんのために歌うのか」を考えるうえでも刺激となった。

心の熱量高めでいこう

何かに打ち込み、夢や目標に向かっていくには、エネルギーが要る。そのエネルギーの源になるのが「情熱」だ。

自分の感情、想いを燃え立たせることで、行動力にも火がつきやすくなる。

情熱とは、「やる気の種火」のようなものだ。

身体が冷えていると、動きが鈍る。心が冷めていると、心の反応も鈍る。

熱い想いが湧き起こってくることを「血がたぎる」というけれど、心が冷めていると、たぎらない。

情熱のある人とは、どうしたら自分の心の熱量を上げていけるのかを、身をもって体感できている人、自分の中に湧き上がる火を燃やしやすくしている人だ。

情熱が湧きにくい人は、火がつきにくくなっている人。

情熱のあるなしは性格の問題ではなく、心の習慣の問題だ。

だから、僕はよく、

「なんでもいいから、思いっきり情熱を注いでみよう。大事なのは、何かに情熱を注ぐという経験を通じて、心の熱量を上げるとはどういうことかを実感することなんだ」

と言っている。

「やりたいことが見つからない」「夢中になれることがない」と言う人がけっこういる。自分が何に情熱を注ぎたいのかがわからなかったら、とりあえず目の前にあること、今やるべきことに注いでみる。

心に火をつけるとはこういうことか、何かに打ち込む快感とはこういうものかということを、自分自身の体験として味わうと、とくに好きなこと、やりたいことでなくても、心の熱量を上げていくことができるようになる。

「仕事のやる気が出ない」人も、最初からやる気がまったくなかったわけではないだろう。みんな、頑張ってみようと思って仕事に就く。

しかし、なにかの理由で心の熱量がどんどん下がっていくと、それに伴って、活発に行動しようとする力も鈍ってしまう。

情熱をもって何かに取り組めるかどうかは、仕事だから、趣味だからといった問題ではなく、心の熱量に原因がある。自分の情熱に火をつけられないのだ。

仕事をしていて難題にぶつかったとき、「まあ、この程度でいいか」と妥協することが多いとか、「仕方ない」とすぐにあきらめてしまいがちな人も、心の熱量が低い。

自分では「これは性格だ」と思っているかもしれないが、心の熱量が上がるだけで変わる。

意識的にやる気の火を燃焼させていくことで、人は変わっていく。

目標や夢に向かっていくことができるようになる。

「大変だけど楽しい」を求めて

人間の心には「楽をしたい」という気持ちがある。同じ「楽」という漢字を使うが、「楽をしようとする」ことと、「楽しむ」ことはまったく別だ。

情熱を燃やして何かに打ち込んでいるときは、「楽をしたい」と思わない。苦しいことはわかっていても、やらずにはいられなくなる。

例えば、最初は健康のために少し走ってみようとランニングを始めた人でも、毎日走りつづけ、脚力がつけば、マラソンに挑戦してみようか、という気になる。大変なことだとわかっていても、挑んでみたい気持ちが湧く。それが情熱だ。

目標ができると、そのために何をしたらいいかが見えてくる。

まずは、42・195キロという距離を走り通せるかどうかという、自分自身への挑戦だ。長く走るための練習をするだろう。

完走できたら、次はもっとタイムを縮めたいと思う。

本気で打ち込んでいたら、自然と「もっと上」を目指したくなる。楽じゃないけれど、やらずにいられない。大変だけど、楽しい。人はそういうものを求める。なぜなら、生きがいとか、やりがいというのは、そういうところにあるからではないだろうか。

夢や目標は、「いつかはかなえたい」と言っているだけでは、なかなか実現できない。その「いつか」をいつにするのか、期限を区切る。はっきりとビジョンを描き、計画的にスケジュールに落とし込んでいく。

ビジネスでは、通常、長期、中期、短期とスパンを区切って考える。

僕は、カーネギーホールでコンサートをやるという夢に対しても、3年スパンで計画を練った。

まずは3年以内（2016年3月まで）に現実的なメドをつける。

次の3年以内（2019年3月まで）に実現に漕《こ》ぎつけると決めた。

そして、歌の練習に集中するだけでなく、今年度中にこれとこれとこれを詰める、というように、一歩一歩「カーネギーへの道」を踏み固めていった。

具体的な計画として段取りを組むことによって、実現への階段が見えてくる。それによって、覚悟が固まっていく部分もある。

試練の果て

2月にコンサートを終えてから、僕はちょっと「燃え尽き症候群」のようになってしまった。

身体に力が入らず、歌う意欲が湧いてこない。傷めた声帯も完治したわけではないので、しばらく歌の練習を休んでいた。

5月初め、久々に練習を再開してみた。

始めてすぐに、ピアニストから言われた。

「小栗さん、この3か月、全然歌っていませんでしたよね。でも、なんだかうまくなっています。音がすごく安定しています」

僕自身もその実感があった。

3か月もブランクがあったら、声が出なかったり音が取れなかったりするだろうと覚悟していたのだが、びっくりするほど自然に声が出た。

先生からくり返し言われていた「背中を意識した発声」がすっとできる。

「声を背中から投げるように出してください。そうすると、遠くまで届く安定した声が出ます。背負い投げです」

しかし、これが難しい。コンサート直前の1月ごろ、背中のどこの筋肉をどう反応させればいいかということがやっとわかるようになったのだが、それでも、うまくできるときとできないときとがあった。

3か月ぶりの練習では、それがコンスタントにできた。身体が覚えている。頭で理解しているのでなく、身体の使い方でマスターしているのだ。

試練は人を成長させる。

苦しかったカーネギーへの挑戦という経験を経て、僕自身もいろいろ変わったが、僕の歌も、確実に変わったと思う。今、新しいステージに入った、そんな気がしている。

カーネギーホールでのコンサート後、多くの人から「次の夢は？」と尋ねられる。

もちろん歌は続けていくつもりだ。

「歌う社長」として、ビジネスと音楽文化の間に橋を架けていけたらいいと思う。

しかしその前に、今回、僕の夢をかなえるために関わり合ってくれた人たち、応援してくれた人たちに、恩返しをしたいと思っている。素晴らしい体験をさせてもらったことを、僕はどうやって還元していったらいいか考えている。

歌を始めてからカーネギーホールでのコンサートまでの主な歩み

２０１３年10月29日

初めて人前で歌を披露。初めて立った舞台は、大阪帝国ホテルで行われた有名企業の創業パーティーだった。

２０１５年８月８日

アーティスト名「世歌動〈sekai〉」を発表、「世歌動」初舞台。名古屋国際会議場で開催されたイベント開会式のオープニングセレモニーで2曲披露。観客１５００名。

２０１５年11月３日

文化の日に名古屋市の表彰式典で、国歌「君が代」を独唱。同年以降、毎年この式典で国家独唱を任されるようになる。

２０１６年３月14日

ニューヨークに歌声を響かせる。アメリカ・ニューヨークの日本クラブでのイベントで、オペラ・アリア「道化師」を披露。

2017年4月2日	地元・名古屋でオペラ・アリアを中心とした初めての単独コンサート「Opera Aria The Concert Vol.I」開催。10曲（名フィル含）を披露。観客は約350名。
2018年9月	初アルバム『世歌動』リリース。
2018年12月10日	弊社創立50周年メモリアルコンサート（愛知県芸術劇場コンサートホール）。千住明作曲、前田たかひろ作詞の「未来《あす》への讃歌」をお披露目。観客1700名。
2019年2月2日	ニューヨーク、カーネギーホール（ザンケルホール）で「Transcending Borders : Sekai's Night Music at the Crossroads of Cool」コンサート開催。観客約600名。

第5章

ビジネスも芸術も「人の心を動かす」営み

作者名/Shutterstock.com

歌の上達にはゴールがない

6年にわたって歌と取り組んできて、今、一番強く感じていること。それは、

「芸の道は、努力しても、努力しても、自分の意のままにはならない」

「でも努力は嘘をつかない」

ということだ。

どれだけ時間をかけただろう。どれだけ萎心《しぼむこころ》もしただろう。にもかかわらず、頑張っても、頑張っても、なかなか自分の思い通りにならない。

こんな感覚は、これまでの人生で味わったことがない。

年齢を積み重ね、人生経験も豊富になると、たいていのことは初めての経験ではなくなる。

〝こういう場合には、こんなふうにすれば、なんとかできるだろう〟という予測を立てることもでき、なんとか乗り越えられる。たいていのことは、努力をすればしただ

けのことが返ってくる。

ところが、声楽はそううまくいかない。

「こんなに努力しているのにどうしてなんだ？」

と嘆きたくなる。無力感を突きつけられる。


例えば、何回練習してもうまくできないことがある。頭では、どうすればいいのか理解している。だが、できないのだ。声は自分のなかから出てくるものなのに、自分でそれをコントロールするのがこんなにも難しいものか——。

僕はめったに落ち込んだりしない人間だ。少し堪《こた》えるようなことがあっても、3分で気持ちを切り替えられると豪語してきたが、その僕がレッスンの帰り、ものも言えないくらい沈み込んでしまったりもした。

体調も万全、しっかり歌い込んで「少しはうまくなったんじゃないかな」という気持ちで歌ったところが、ボロボロの出来だった、ということもあった。

いや、上達はしているのだ。3か月前の歌と聴き比べてみると、明らかに進歩の跡がわかる。うまくはなっている、と思う。

だが、はっきりとした手ごたえがない。

歌の道というものがあるとしたら、自分は今どのあたりにいるのか。

歌をきわめるという山の、何合目まで登れているのか。

それがつかめない。

やればやるほど思う。この道にはゴールがない。

数字という指標

仕事、ビジネスには「いつまでに達成する」というゴールがつねにある。

そして結果は、数字という目に見えるかたちではっきりと出る。

ビジネスにおいて「結果を出す」とは、いい数字を出すことだ。数字は誰が見ても一目瞭然、その人が、その会社が、ちゃんと結果につながる仕事ができているかどうかはみんながわかる。

振り返れば、学生のときに打ち込んできた水泳も、ゴルフも、タイムやスコアなどの数字が、成長や上達の証《あか》しだった。

僕がこれまで生きてきたのは、数字がものを言う世界だった。

だが、音楽には、歌には、成果がはっきりわかる数字の指標がない。どこまでやればどの程度上達したといえるのか、その目安がない。

聴いた人がどう感じるか。

それも、人によって感じ方はさまざま。

芸術とは、なんと曖昧《あいまい》で難儀な世界なのか、とつくづく思う。

歌を始めたとき、上達のためにどんな目標を立てたらいいのか困惑したのは、このわかりやすい「数値目標がない」ことだった。

うまくなりたい。それにはいったい何を目指せばいいのか。

数字に代わる指標が、何かないだろうか。

思いついたのが、「世界レベル」ということだった。

例えば、世界でも名だたるトップクラスのアーティストがコンサートをやるホールで、自分も歌う。

世界トップレベルのミュージシャンやオーケストラと共演する。

現実にはほど遠い。それはよくわかっている。

しかし、ちまちました目標を掲げても仕方ない。

挑戦とは、容易には越えられないような高みを目指して戦いつづけることだ！

カーネギーホールは、管理している財団が意義を認めるイベントであれば、プロの演奏家だけでなく広く門戸を開けている。そうしたことも理由のひとつだった。

「夢はオペラ・アリアを歌うテノール歌手になること」と言うよりも、「夢はカーネギーホールで歌うこと」と言うほうが、目標としても具体的でわかりやすい。

これが、カーネギーホールを目指すことにした理由だった。

「世歌動」という芸名、アーティスト名も、世界を視野に大きく羽ばたいていきたいという想いに由来していた。

自分の生きた証しを残したい

40歳半ばごろから、「自分がこの世に生きてきた証しを残したい」という気持ちが強くなった。

僕には「社長」という肩書があるが、これは責任ある立場にあるということを示すものでしかない。会社をよくするために、伸ばすために、僕はがむしゃらにやってきた。しかし、会社は僕の力だけで成り立っているわけではない。

小栗成男というひとりの人間として、全力を尽くして生きてきた証しは、会社には残らない。

僕は「個」として、「ひとりの人間」として、自分の存在の痕跡を残したいと強く考えるようになった。

そして、人財教育活動、講演活動、本の出版といったことをやるようになった。

歌を歌うこと、音楽という芸術活動も、地球に自分の痕跡を残せる営みだと思っていた。

だから僕は、歌うことを自分中心の視点でしか捉えていなかった。

そんな僕に大きく揺さぶりをかけてきたのが、輪嶋東太郎だったのだ。

初めて会ったとき、なぜカーネギーホールで歌いたいのか、と彼は聞いてきた。

「多くの音楽家たちが憧れる世界トップのホールだから」

僕は答えた。

歌を通してどうなりたいのか、とも聞いてきた。

「そうだな、世界の名だたるところからオファーが来るといいな」

そう答えた。

音楽を通して、自分を誇示できないか、ということしか頭になかった。

「聴かせよう」から「聴いてもらおう」への変化

「歌がうまくなりたい」と努力することを、僕は謙虚な行動だと思っていた。

地道に毎日ルーティンの練習をこなし、思うように歌えないところを何度もくり返して練習し、食べたいもの、飲みたい酒、遊びたい気持ちをセーブして、歌に力を注いでいるのだ。

それでも本番でうまくいかず、泣きたくなるような想いもしている。

その時間、社長室にふんぞり返っていることだって、美味いものを好きなだけ食べることだって、夜の巷《ちまた》で豪遊することだってできる。それをしないで、歌と格闘している。

誰から命じられたわけでもない。やらなくてもいいことを自発的にやっているのだ。

自分としては〝なんと謙虚に歌と向き合っていることか〟という気持ちだった。

だが、本質的なところで僕は大事なことがわかっていなかった。

そこを、東太郎から指摘された。

なぜそれをやっているのか。

なぜ「うまく歌いたい」のか。

そうした気持ちの奥にあるのは、「自分の歌を聴かせよう」という想い、我執《がしゅう》ではないのか。

「聴かせてやろう」というような姿勢の歌には、誰も共感しない。誰も心を動かされない。

「誰かに聴いてもらいたい」という真摯な気持ちを歌にのせて届ける。

歌を届けるのに必要なのは、「聴いてもらおう」とすることだという。

ビジネスの世界で生きていると、どんなことも自分たちの力でなんとかできる、なんとでもできる、という気持ちになりやすい。

周到に計画を立て、段取りとスケジュールを調整し、それを実行し、結果を評価して、改善ポイントを見つけ、修正していく。

いわゆるＰＤＣＡサイクルでことを進めれば、できないことはないはずだ、と考える。

実際、そうやって仕事は進んでいく。

歌に対しても、僕はそんなふうに考えていた。

「歌は思い通りにならない」というのは、なんでも思い通りにできるだろう、という気持ちがあるから、歯がゆく感じたのだ。

傲慢になっていたつもりはないが、自分の力を過信するようになっていたことに気づかされた。

「音楽で本当に大事なのは、うまさではない」という言葉の意味も、少しずつわかってきた。

僕のなかでの変化の表れ、そのひとつがボランティアで歌うことだった。

それまでの僕には、無償でどこかに歌いに行くという発想はなかった。物理的にスケジュールがタイトであるということもあるが、どこかに「俺に、そんな時間があるか」といった気持ちがあった。

それが、僕が歌うことで喜んでくれる人がいるなら、ボランティアで喜んで歌わせていただこう、と思えるようになった。

数百人の人が集まるホールで歌うことも、数十人の会議室で歌うことも、人に喜んでもらうことに変わりはない、と考えるようになった。

人は何に心動かされるのか

歌のうまさを追い求めると、際限がない。僕よりうまい人は、いくらでもいる。だから、やってもやっても、「自分はまだまだだなあ」と不満が残る。

だが、そのときそのとき、つねに全力で、自分のベストを尽くして歌っている。うまく歌えない部分があっても、それも含めて今の自分のベストだ。——そう思えると、歌った後の爽快感が違う。

ちょっとよくないところ、ダメなところも今の自分なのだ。

僕はピッチがズレやすい。よく先生から注意される。

例えば、自分の歌を録音する。コンピュータを使えば、ピッチのズレも修正することができる。修正されてピッチが正しくなった歌は、前よりうまい、ということになる。

はたして、それがいい歌だろうか？

それが誰かの心に響く歌になるとは思えない。

「うまく歌う」ことにこだわらなくなると、歌を歌うということの本質的な意味に目が向くようになった。

人は何に感動するのだろう？

どんな歌が人を喜ばせるのだろう？

「うまく歌おう」の呪縛から解き放たれるにつれ、自分の「こうしたい」という気持ちにとらわれるのではなく、「相手がどうしてほしいか」を考えられるようになっていく。

（あっ！　歌もビジネスも同じじゃないか！）

どうしてそんなことに今まで気がつかなかったのだろう。

ビジネスと音楽、磁石のように引き合う力

ビジネスも音楽も、人がやっていること。人が人の心を動かすことこそが一番大事なのだ。

営業・接客でも、プレゼンでも、どんなにいい商品、いいアイディアであっても、その素晴らしさを相手に伝え、心を動かすことができなければ、成功しない。

歌も、人の心を動かすため、

「ああ、これを聴きに来てよかった。元気が出た」

と思っていただくために歌う。

僕は、音楽とビジネスは、磁石のようだと思う。

求めていく世界観がまったく別で、反発し合うもののように思えることもある。

一方で、何かものすごい磁力で引き合っているように感じることもある。

どちらも、そこに大きなエネルギーが湧き起こる。そのパワーバランスを楽しむようなところもある。

磁石のSとN、反発し合ったり、引き合ったり、関係し合って、そのパワーが状況によって変化を起こす。

仕事以外のことに打ち込んだら、仕事がおろそかになる？

とんでもない。


一方が強くなったら、もう一方にエネルギーを割けなくなるということはない。一方が強力になったら、もう一方もパワーを増す。

情熱の注ぎ方を覚えたら、人生はもっと楽しくなる。

それは、自分ひとりが楽しくなることではなく、誰かを幸せにすることにつながっている。

仕事で誰かを喜ばせ、プライベートな活動でも誰かを喜ばせれば、それが自分の喜びになっていく。

人生にはそういう勢いが大切だ。

終章

感動とは何か？

――人をつき動かす情熱と共感の在りか

対談 輪嶋東太郎×小栗成男

音楽に対する姿勢をはじめ、ものの見方、考え方にも
さまざまな刺激を与えてくれた輪嶋氏。
10歳のときにオペラに目覚めたという氏と、
音楽のもたらすものについて語り合う。

輪嶋東太郎（わじま・とうたろう）

音楽プロデューサー／ヴォイス・ファクトリイ株式会社代表
1987年、慶應義塾大学法学部法律学科卒業。1992年、32歳でヴォイス・ファクトリイ株式会社を設立。2003年、オペラ上演のため当時ヨーロッパで活躍していたベー・チェチョルを初めて日本に招聘。以来全国で公演を開催。2005年にベー・チェチョルが病に倒れ、声を失った期間も共に歩き続け、全国で支援を呼びかけた。その模様は多くのメディアで取り上げられ、ベー・チェチョルは2008年に舞台復帰を果たす。その後、ベー・チェチョルの人生を題材に日韓共同で製作された国際映画『ザ・テノール　真実の物語』ではエグゼクティブプロデューサーを務め、多くの人々の支援の元に完成。2014年の初公開より日本、韓国、香港、台湾、イスラエルなどで上映が続いている。

怖さを知らないから飛び込めることがある

小栗　初めて会ったのが、ベー・チェチョルさんのコンサートが終わった後だった。あのときから東太郎の言葉で、それこそ地球が逆回転しだしたんじゃないかというくらい世界がグルグル回りはじめた。価値観が揺り動かされた。僕にとっては、ちょっと衝撃的な出会いだったよ。

輪嶋　僕もちょっと衝撃だった。「カーネギーで歌いたい？　何をとんちんかんなこと考えているんだ？」と思ったもの（笑）。

なぜ世界というものを目指す必要があるのか、とても疑問だった。だから最初のときに聞いたよね。大きなビジョンを持っているのはいいことだと思うんだけど、「なんのために歌うのか」というところで、大事なことを見落としていないかな、っていう気がしていたから。

小栗　確かにね。僕は「世界の名だたるところからオファーが来るといいな」とか、なんの屈託もなく言っていたからね。だけど、あのころは純粋にそう思っていた。

そもそもが、声を褒められて「ひょっとして、歌だったら俺、世界レベルに行けるかも」「自分には声というギフトがある」って思い込んじゃったのが始まりだからね、深いことは全然考えていなかった。


輪嶋　すべては偉大なる幻想から始まる、という典型だ。

無知ほど怖いものはない。だけどそれも大事なことで、怖さがあったら大きな挑戦はできない。知らないから、怖れがないから、果敢なチャレンジができるということもある。

歌が得意なわけでもないのに、人から声を褒められただけでポッとその気になるというのも、そこによけいなフィルターがなかったから。

あなたのすごいところは、そこだよ。

ずっとビジネスの世界で丁々発止《ちょうちょうはっし》やってきているのに、魂がすれていない。ものすごく素直で、ピュア。だから、僕の言ったことなんかも、スッと受け容れることができる。

小栗　いや、スッとは受け容れられない。ムカッとして「このやろう！」とか「こんちくしょう！」とか腹が立つ。

ただ、言っていることが図星なんだよ。だから、ひとりになってからジワジワッと沁みてきて、「ああ、東太郎の言う通りだな」って思う。

輪嶋　それを素直というんだよ。

歳をとると、人はだんだん頑固になっていく。たとえ「その通りだな」と思っても、素直に受け容れられなくなる。だって、自分の傷に触れることになったり、それまでの自分を否定することになったりすることがあるからね。だから、大事なことにハッとしても、見ないようにして、気づかなかったことにしてしまう人が多い。

でも、あなたは人の言葉を吸収して、自分を変えていこうとする力を持っている。

だから僕は、「この人は、表現者になる人だ」と思った。歌を通して、人に何か力を与えることのできる人だ、って。ピカピカの魂を持っている。僕は、「ビジネス界にもこんなピュアな人間がいたんだ、日本も捨てたもんじゃないな」って思った。自分ではそこにまったく気づいていなかったみたいだけど。

世界を目指そうとした背後にあったもの

輪嶋　もうひとつ、これも自分自身では気づいていなかったと思うんだけど、どこかに音楽に対するコンプレックスがあったんだろうね。

小栗　ああ、そうかもしれない。音楽が苦手だという意識はなかったけど、コンプレックスはあったかもね。

輪嶋　「世歌動」という名前も、世界を制したいといった気持ちがあったからでしょ。そういう発想が出てくること自体、コンプレックスの裏返し。

カーネギーホールで歌いたいという着想も、カーネギーホールが持っているステイタス、評価が欲しい、という意識があったんじゃないかな。「あそこでやれば、箔《はく》がつく」という気持ち。

ブランド品を持つのと一緒。世界的に有名な一流ブランド品を持っていることで、自分も一流の仲間入りをしている、という気になれるでしょ。それと同じような心理が働いていたのではないかと思う。それもコンプレックスの裏返し。

小栗　カーネギーホールについていえば、歌をやっていくにあたり、はっきりわかる指標が欲しかった。

　ビジネスの世界では、結果を出すといったら数字になる。だけど、音楽には結果を示してくれる数字がないじゃない？　だから、世界中の人が知っていて、「カーネギーホール？　あの音楽の殿堂？　すごいね」と言われる場所で歌えるようになりたいと思った。純粋に夢見て、憧れていた。

輪嶋　結果を数字で測るビジネスの世界で生きてきた人だから、世界トップレベルの場所に惹《ひ》かれた。目に見える数値で一番になりたいと思ったってことだよね。

小栗　そう。そのために「うまくなりたい」「うまくなりたい」と思って練習していたわけだ。

　ところが、東太郎が「うまく歌おうなんて思うな。歌で一番大事なのは、うまさなんかじゃない」と言うから、「俺はどうすればいいんだ？」となった。

感動を呼ぶ演奏とは？

輪嶋　僕は、上手な歌には興味がない。ものすごくうまくて、批評家の評価も高いけれど、世の中にあまり影響力のない人もいるよ。人としての存在感、影響力があるかどうかというのは、技術の問題じゃない。その人の歌や演奏に、人の心を震わせるようなものがあるかどうかということ。

ピアニストのフジコ・ヘミングさんが有名になったのは、NHKのドキュメンタリー番組がきっかけだった。

彼女はずっと不遇なまま、ヨーロッパで暮らしていて、歳をとってから日本に戻ってきた。ハーフなんだけど、国籍がなくて難民になってしまったり、耳が聞こえなくなってしまったり、不遇な人生を送っていたんだね。

NHKでやったそのドキュメンタリーは、彼女を類まれな才能を持ったピアニストとして紹介したのではなくて、仕事もなく、十数匹の猫と暮らしている風変わりなおばあちゃんピアニストというような内容だった。

だけど、そのなかで彼女が弾いているピアノを聴いて僕は「この人、とんでもない周波数持っているな」と感じた。「これは脚光を浴びるかもな」と思ったら、あっという間に火がついて、CDは売れるわ、コンサートをやるとチケットが即売り切れるわ、と大人気になった。

みんな、彼女のピアノに何かを感じたんだね。彼女の音楽のなかにある、彼女ならではの音を聴いて、心をつかまれた。さまざまな苦難を経た人生が、彼女のピアノには詰まっている。その音色が、たくさんの人を感動させた。

だけど、プロの音楽評論家といわれる人たちは、彼女を評価しなかった。いわゆる「うまい演奏」ではないから。そこが、うまいといわれる演奏と、人を感動させるものを持っている演奏の違いだと僕は思うわけ。

小栗　東太郎がよく言う「その人の生活、人生、すべて透けて見えてくる」「その人のなかからあぶり出されてくるもの」というのは、そういうことなんだね。

輪嶋　今はすごいテクノロジーが発達して、例えば、あなたが歌っている音声データに、マリオ・デル・モナコの声を重ねて、マリオ・デル・モナコの歌い方であなたが歌っているようにすることだってできる。そうなっていくと、「機械でやれることと人間がやることの違いはどこにあるのか」ということになる。

うまい歌なんて、機械を使えばいくらでもできる。だから、その人だから歌える、その人だから出せる音色というものが貴重になる。

その人がどんなことを考えて、どんなふうに生きていて、どうなろうとしているか、その人のありようが表れた歌、そういうものはほかの誰にも真似できない。それこそが大切になってくる。

それが、「人に伝わる何か」なんだよ。それが、人から共感を寄せてもらえるものになったときに、人は感動する。

ベーさん（p.94参照）の今の歌は、まさにそれ。気鋭のテノール歌手として出てきたとき、僕はこの人は本物だと思った。だけど、一度歌手にとって命よりも大切な声を失ってしまった彼が歌う今の歌が、もっともっと人を感動させるのは、そこなんだ。

必死に生きる姿が、誰かの生きる力になる

輪嶋　友だちで、10年ぐらい前から目がどんどん見えなくなり、4年前に完全に見えなくなってしまった人がいる。女性なんだけど、彼女がベーさんの歌を聴いて、「生きる力をもらった」って言ってた。

それまでは、見えなくなったことで「私は人に迷惑をかけることしかできない」「ご飯を食べるのにも人の手がかかる」とふさぎ込んで、ずっと外に出ることもできなかったんだけど、外に出るようになった。

それだけじゃない、韓国語を勉強し、声楽の勉強を始めた。この間、その発表会があって僕も聴きに行ったんだけど、人生半ばで目が見えなくなった彼女の生き方が歌に表れている。どんなに上手な歌にもない素晴らしいものを僕はもらった。

そして、「ああ、自分自身の苦しみと向き合うことで、与える人になったんだな」って思った。ベーさんの必死に生きる姿が彼女をつき動かした。そして再び生きる力

が湧いてきた彼女が、今誰かの生きる力になろうとしている。音楽の力ってすごいなあ、と思わされるよ。

小栗　必死さが訴えかけるものというのは、僕も少しわかりかけてきた。

２０１７年4月に初めて自分のコンサートをやったときは、練習のしすぎがたたって、声がガラガラ。もうどうしたらいいか、という状態に追い詰められて必死だった。まな板の鯉のような気持ちで「こんな声だが、口さえ開けて腹から出せば声は出る、もうそれでいい」という感じで無心で歌ったら、なんとか歌えた曲が何曲かあった。「うまく歌おう」なんて気持ちはもう吹っ飛んで、ただただ必死だった。

そのとき聴きに来てくれた人たちから、「感動した」とずいぶん言っていただいた。

輪嶋　必死さが、聴く人の琴線に触れたんだ。

小栗　そのときは「感動した」という言葉の意味が、あまりよくわかっていなかった。

その後、カーネギーでやる半年前のことなんだけど、ある芸術支援団体が主催するコンサートでアリアを2曲歌わせてもらう機会があった。練習で調子がよかったので、「うまく歌えそうだな」と思っていたんだけど、いざとなったら最悪の出来だった。

何がいけなかったのか反省してみると、ふだん練習ではやっていないようなことをやってしまっていた。

輪嶋　ああ、やるんだよね、ステージの上って。やっちゃいけないことをやるし、やらなきゃいけないことをやらなくなる。

小栗　まさにそれ。いつもはやらないことを、なぜかやってしまっている。やっぱり力んでいるんだろうね。自分ではけっこう自信があった曲も、まったく思ったように歌えなくて、自己嫌悪で落ち込んだ。

輪嶋　大舞台に立つ前にそういう経験をしたのは、すごくいいことだったと思うよ。舞台って本当に怖い。それ、実は大歌手にもある。

マリア・カラスは、歌うときにあまり手を動かさなかった。10代のときに演出家から「自分の魂が、もう動かさずにいられないというとき以外は、決して手を動かさないこと」と言われて、その言葉をずっと守っていたんだって。

ところが、晩年、最後に日本に来て歌ったときには、手が動いていた。僕は「あれっ？」と思った。晩年のインタビューのなかで、「どれだけ批評家が褒めてくれても、どんな出来栄えだったか、自分がよくわかっています」と語っている。あのマリア・カラスでもそういうことがあった。

小栗　そうなんだね。

後から思うと、その最悪の出来のときは必死さがなかったと思う。ある程度練習がうまくいっていたから、「それなりに歌えるだろう、いいとこ見せてやろう」というおごりがあったんだろうな。

輪嶋　人生、めちゃめちゃ大変なときも危機だけど、ちょっと調子のよくなってきたときこそ、一番の危機。自分自身を見失いやすいからね。

小栗　そのときに言ってもらったのが、「ずいぶん練習しましたね」とか「うまくなりましたね」という言葉だった。「感動した」ではなかった。

輪嶋　努力の跡はわかるけれど、心は動かされなかったってことだね。

歌を通してみんなが感じるのは、その人のありよう。あなたしか出せないものが、あなたの人生、ありようだということ。あなたより上手に歌う人はごまんといる。けれども、あなたが歩いてきた道を表現できる人は、地球上にあなた以外いない。

「うまいね」と言われることを目指すのか、それとも「感動したよ」と言われるほうを目指すのか。僕はずっと、そのことを言ってきた。それが自分のなかではっきりしてくると、歌を通して何を目指したらいいのかがおのずと見えてくると思っていたんだよね。

みんな思い通りにいかない人生を生きている

輪嶋　ふだん、「俺は今必死なんだよ」というところを人前にさらすことってある？

小栗　ない。とくに仕事の場面ではまったく見せない。「俺も大変なんだよ」と冗談っぽく言葉にすることはあるけれど、その程度かな（笑）。

僕はずっと、自分の弱さは人に見せてはいけないものだと思ってきた。弱みを見せないというと聞こえはいいけれど、それは強い自分、できる自分、カッコいい自分しか受け容れられないということでもある。

東太郎といろいろ話しているうちに、今まで見せようとしていなかったところを、もっと出していく必要があるんだろうな、って思うようになった。

輪嶋　「カッコいいところを見せてやろう」では人の共感は得られない。そうではなくて、「なんだ、あの人も俺と同じように苦しんでいるんだ、それでも頑張って挑戦しているんだ」とか「壁をなんとか越えようとしているんだな」と思ってもらえるようなものを見せることが必要だよね。そこに共感が湧き、感動が生まれる。

なぜオペラが世界中のたくさんの人の共感を得るかといえば、オペラの主人公って、みんな気の毒な人だから。気の毒な主人公の心情に、自分を重ね、「わかる、わかる」と思って共感する。

それだけ、みんな思い通りにいかない人生を生きているということだろうね。

小栗　たぶん、世間からすると、僕はなんの苦労も挫折も知らずに生きてきた人間に見えるんだろうな。実際は、いろいろ苦悩もある、挫折もあるんだけど。

ただ、恵まれた環境にいることで、本質的なところで弱い立場の人たちの気持ちに疎いところがある。それは自分でもわかっている。

輪嶋　感動するのには共感が必要で、共感するためにはリアリティーが必要。だけど、あなたは生まれ育った環境に恵まれていて、最初から何もかも持ちすぎているから、人が共感するポイントを見つけるのが難しい。「あんたに俺たちの気持ちがわかるか」と言われやすい。そこは少しハンディだよね。

だけど、お釈迦さまだって、もともと王子だからね（笑）。マザー・テレサだって、すごくいい家庭の出身。裕福で、何不自由なく暮らしていた人が、人々の苦しみや悲しみに向き合うようになるのは珍しいことじゃない。

では、それができるかできないかの違いはどこにあるのか。自分が相手にシンパシーを持ち、共感、共鳴していけるかのスタンスだと思う。

「ただひとりのために」の想いが普遍性につながる

輪嶋　政治家がよく「国民の皆さんのために」と口にする。でも、全然心に響いてこないことが多い。なぜか。そこに具体的な人の姿がまったくイメージされていないから。「国民の皆さん」なんていう人はいない。具体的な誰かを思っていないから、ウソっぽくなる。

在日韓国人の方から聞いた話なんだけど、「仲よく共存していきましょう」と立派なお題目を口にしている日本の政治家に、「韓国に、家族と同じぐらい大切な友だちがいますか？ 国が鉄砲を向けたら、その人のために立ちはだかりたいと思うような友だちはいますか？」と聞くと、たいてい「いません」と答えるという。そういう人の言葉はもっともらしく聞こえるけど、切実さがない。

大事な友だちがひとりでもいれば、その人を傷つけたくない、争い事を起こしたくない、と本気で思う。それが現実味のある言葉になったり、行動になったりする。

小栗　話としてはわかる。理解できる。でも、僕自身も「誰かひとりの人のために」ということを考えたことはなかった。ビジネスの世界で生きてきた人間だからかもしれないけど。

輪嶋　政治やビジネスというのは、最大公約数的なところに目を向けがちだからね。

ジブリ映画でたくさん大ヒット作を生み出した宮崎駿《はやお》さんは、アイディアを考えるときに、ピンポイントで「この子の心を動かしたい、それにはどうすればいいか」と考えるんだって。「皆さん」とか「大衆」とかではなくて。

でも、そのひとりが感動できるものが、実は、あの子もこの子も感動できるものになる。そのお兄ちゃん、お姉ちゃんも、お父さん、お母さんも、おじいちゃん、おばあちゃんも、感動させる。

小栗　特定の誰かひとりを感動させるというのは、実はものすごい力がある。普遍的な波及力があるわけだね。

「時の評価」に耐える条件

輪嶋　音楽には数字という指標がないって言っていたね。確かに、ビジネスのようなシビアな数字の評価にはさらされていない。だけど、数字とはまったく無縁というわけでもない。
ものを作ったり表現したりすることの評価には、時間軸という数字がある。
例えば、音楽好きが「いいテノールが出てきたな」と評価する人が出てきたとする。
でも、10年後には誰も見向きもしない、誰も覚えていないということもある。10年後、いや20年後、30年後でもずっと覚えられているのは、人を感動させられるものなんだよね。

小栗 長い時間軸から見た数字か。

輪嶋 例えば、ローリング・ストーンズのCDよりも、マリア・カラスのCDのほうが売れているって知っている？

なぜかというと、「時の洗礼」を受けても変わらないから。ストーンズがよくないって言っているんじゃないよ。長いタームで見たときに、人を感動させつづける力があるものとは何か、ということ。

これは音楽だけじゃない。

パリのオルセー美術館なんかに行くと、マネ、モネ、ゴッホ、ルノワール、ドガといった近代画家たちの若いときからの絵が「マネの部屋」「モネの部屋」という具合で並んでいる。

みんな今では世界中に知られる有名画家。でも、それぞれのスタイルができてくるのは、ほとんどが50代後半とか60歳ぐらいになってから。それまでは、「この絵の一部にはルノワールらしさがある」「この絵の一部にモネらしさがうかがわれる」くらいのもの。世に認められるようになるまで、みんなすごく苦しんでいる。評価されなくて、食べていけなくて、いろいろ力を尽くしながら自分の世界を確立できた人が、のちに評価され、長く残っていく。それが芸術の世界だということを感じさせてくれる。

最初から自分のスタイルができているのは、ゴッホだけ。でも早く死んじゃうでしょ。そのゴッホの絵は生前、一枚も売れなかった。だけど、今は何十億になっている。

小栗　そうだね、同時代の人には、ゴッホの絵のよさ、すごさがわからなかった。

輪嶋　うん。逆に、その当時はもてはやされても、残っていかないものもある。では、残っていくものとはどういうものなのか。

人の人生に関わっているもの。その人の生きざまが感動を与えてくれるもの。歴史の評価に耐えうるものって、そういうものなんだと思う。

小栗　あらためて思ったけど、東太郎、あなた本当にすごいね。言語化する力が半端ない。心底納得したよ。

輪嶋　ありがとう。言葉には人を納得させたり、人を動かしたりするすごい力があるよね。

音楽は人の幸せのためにやるもの

輪嶋　今でも歌で世界一になりたいとかいう気持ちがある？

小栗　まったくない。

輪嶋　音楽と関わることで、自分と向き合った。自分に腹を立てたり、泣いたりするぐらい、七転八倒してきた。始めたときは、自分の個人的な想い、世界のトップレベルを狙うとかいう野望だったかもしれないけど、今見えている景色はずいぶん違うものになったんじゃないかな？

小栗　前は、とにかく自分のことしか見えていなかった。

輪嶋　自分自身が幸せになるんじゃなくて、自分の演奏や歌を通して、誰かが幸せになる、それが音楽の意義。芸術の意義と言ってもいい。

そういう何かを感じてもらえるものでなければ、人の時間とお金を奪って、わざわざステージに立つ意味はないんじゃないのかな。自分が満足したいんだったら、カラオケで歌っていればいい。

音楽は、自分のため、俺さまのためにやるものじゃない。

小栗　それが、以前の僕にはまったくわかっていなかった。

そこから違う気持ちが芽生えてきたけれど、東太郎が言っていることを自分がきちんと理解できているのかどうか、今もよくわからない。自分の歌で「苦しんでいる人たちを幸せにする」なんていうことができるのかというと、とてもそんなふうにはなれていない。

輪嶋　正直だね。だけど、自分が全然気がついていなかった、自分のなかにある「人のためにできること」に気づけた。そのことは大きいと思う。

こういうことって、わかっている人がいることはいるんだけど、世のなかの会社といわれるところにいる人たちは、意外と気づきにくいんだよね。自分たちの利益だとか効率だとかを最優先で生きる習慣がついているから。

そういうことでいえば、「音楽とは無縁で生きてきたひとりの人間が、50歳から突然、歌を始めて、頑張って、カーネギーホールのステージに立ちました」ということだけでなく、「ビジネス社会で生きているひとりの経営者が、芸術の持つ大切な意味に気づきました」というところの意味が大きいんじゃないかな。

小栗　それはそうだと思う。カーネギーホールにいろいろ申請書類を出すときにも、「経営者が、誰かを支援するということはけっこうあるけれど、その人自身がステージに立つのは珍しい」と言われた。いろいろな日本の組織、団体の申し込みがあるらしいけれど、アーティストとしてステージに立つ日本人経営者は初めてではないかと。

輪嶋　声楽家になりたいと思って、音楽学校に行って、音楽をやる人間はいくらでもいる。だけど、経営者という立場でありながら、本気でやるのはきわめて珍しい。企業社会にいる人たちが音楽、芸術の持つ意味を考え直すと、日本の会社は変わる。そのことを広めていくのも、あなたが「人のためにできること」だね。

これからやっていきたいこと

輪嶋　これから、どうしていきたいと思っている？　音楽に触れて、いろいろ人生観が変わったあなたが、これから世のなかに何をしていくか。

小栗　まずは感謝の気持ちを伝えたい。みんなにいろいろサポートしてもらうことで、カーネギーホールで歌うという夢をひとつかなえることができた。そのことに感謝して、何か恩返しをしていかなくては、と思っている。

輪嶋　みんなとは？

小栗　社員をはじめ、僕と関わりながら、支えてくれたり助けてくれたりしたいろいろな人たち。本当にたくさんの方たちが協力してくれたんだよね。どうすれば感謝の気持ちを還元できるのか、と考えている。

輪嶋　いいね、それも人を幸せにすることだね。

もし僕があなたの会社の社員だったら、「社長、歌を始める前と比べると、いろいろ変わりましたね。どんな心境の変化があったのか、教えてくださいよ」って言いたくなると思う。

前に言っていたよね、「歌をやりはじめてから、人に優しくなれた気がする」って。社員の人たちからすると、それがなぜなのかはわからないわけじゃない？　それが歌の影響だということも知らないわけだよね。

あなたの心のなかで起きた変化、それが何によるものかを知ることで、「そうだったんですか。社長、歌をやってくれてありがとうございます」みたいな話になるかも（笑）。

小栗　そうだな、確かにそうかもしれない（笑）。

輪嶋　それだけでなくて、歌を通じて感じたこと、学んだこと、いろいろ共有してあげるといい。もっといいのは、あなたが歌って、社員の人たちを実際に感動させることだよ。「社長の歌を聴くと、涙があふれて止まりません」ってみんなが言ってくるような歌、聴かせてあげなよ。

そうすると、お宅の会社の社員であることに対して、喜びとか誇りが湧いてくる。感謝とか恩返しというのは、言葉や物品だけじゃない。自分が所属しているコミュニティに誇りが持てるようになるというのも、人間にとっては根源的な喜び。そういう還元の仕方もある。

小栗　なるほどね、それは考えてもみなかった視点だ。

輪嶋　仕事に対する誇りって、自分のやっている業務だけじゃないと思う。「こんな社長がいる会社です」というのも、社員の誇りにつながる。

「うちの社長は、熱い夢を語って、それをどんどん実現していく。あちこちで歌を歌って、みんなを励ましたり癒したりしている、変わった社長なんですよ」と言える。そんな社長がいる会社であることにプライドを持てる。

自分の会社の社長を誇りに思えるって、すごい素敵なことだよ。

「社長、これまで、好き勝手なことばかりやっているわがまま社長だと思っていました。社長のこと、誤解していました」と言ってくるような人もいるかもしれない（笑）。

顔の見える経営者であるって、とてもいいことだよ。

今の日本の会社はほとんどが雇われ経営者で、自分が社長をやっている数年間だけよければそれでいいと思っている。顔の見える経営者が少ない。人の顔が見える会社、人の心に触れられる会社を目指して、世のなかの経営者のお手本となってほしいな。

小栗　音楽というものがここまで自分の人生のなかに深く入ってくることになるとは、思いもかけなかった。僕にとって、本当にかけがえのないものになった。

だから、これを僕ひとりのやっていることで終わらせるのではなくて、広げていきたい。僕が音楽を通じて得たものをみんなと共有していきたい。

ひとつは、会社の文化にしていきたい。歌と笑顔があふれる会社にしていきたいと思っている。

その一環として、人材育成などのプログラムに、歌うことを入れていくことも考えている。

また、うちの店舗はキッズコーナーが充実しているんだけど、それを活かして、親子で楽しめる音楽コンサートを定期的に行う、といったことも考えている。

僕自身としては、情熱を持とう、未来に向かって挑戦しつづけよう、ということも、いろいろなところで伝えていきたい。

輪嶋　これからも歌いつづけるんでしょ？

小栗　正直言うと、カーネギーホールでのコンサートが終わってから、「しばらく歌から離れようか」という気持ちも湧いた。

「つらかった、あんなにしんどいのはかなわん。もうしばらくやりたくない」と、人に言ったりもしていた。

ところが、ふと気づくと歌に触れている自分がいる。新幹線のなかでホセ・カレーラスの「星は光りぬ」を聴きながら、「やっぱりうまいなあ。今度歌うときは、こういうところを意識してみよう」と思ったりしている。次はどう歌おうかと、知らず知らずのうちに考えているんだよね。

声楽は体力を要する。何歳まで歌えるか。60〜62歳でひとつのターニングポイントが訪れるだろう。そこまで、あと5~7年ある。少なくとも、そのくらいは歌いつづけたい。

うまさを追求するのではなく、自分だから歌える歌を届けたい、たくさんの人に聴いてもらいたいと思っている。

輪嶋　本当に変わったね。芸術に携わると、人間の根本の何かが変わる。その人の人間味に触れると、聴いているほうもハッとして、何か人生に変化が起こる。そこに感動が起きる。

他者に共感を持つことが感動であり、愛――。

感動とは、愛なんだよね。愛の気持ちに包まれない感動はない。感動して泣いているときに、邪悪なことを考えたり、人をおとしめようとしたり、自分だけよければいいや、と思っている人はいない。

人を感動させられる歌、歌ってください。うまくなくていい。僕は、思い通りに歌えなくて、赤っ恥を掻くシゲちゃん、大歓迎だよ。そんなシゲちゃんと、とことん一緒に歩きたいと思っている。あなたが歩いた道の後に咲く花を見たい。

小栗　やだなあ、そんなこと言われると泣けてきちゃうじゃないか。

輪嶋　友だちとして付き合うんじゃなくて、うちのアーティストにならない？

小栗　イヤだよ。東太郎を「社長」と呼ばなきゃいけなくなるなんて。僕は束縛されるのが大嫌いなんだから。

輪嶋　そうか、残念でした。うちの所属アーティストになったら、もっと音楽のことをいろいろ懇切丁寧に教えてあげようと思ったのに。

小栗　教えてもらわなくていい。今まで通り、大事なヒントを投げかけてくれたら、自分でもがきながら、考える。そうしなきゃ、本当の僕らしい歌は歌えないと思う。

輪嶋　よく言った。やっぱりあなたはいい表現者になるよ。あなたの歩いた後に咲く花が、ますます楽しみになったね。

〈対談　2019年2月26日〉

作者名/Shutterstock.com

装丁　秦　浩司（hatagram）
ＤＴＰ　美創
編集協力　阿部久美子

JASRAC 出 1909695-901

著者略歴

小栗成男
（おぐり・しげお）
世歌動（sekai）

1963年生まれ。同志社大学卒業。企業経営者のみにとどまらず、2015年にオペラ歌手名「世歌動（sekai）」を発表し、2019年、NYカーネギーホールの舞台に立ち、世界から称賛を浴びる。ミス・ユニバース、ミスジャパンの特別講師は好評を博し、「文化人」としても作家、講師、声楽家など多方面で活躍中。

両方本気
50歳からオペラを始め、
カーネギーに立った社長の話

2019年9月25日　第1刷発行

著　者　小栗成男
発行人　見城 徹
編集人　福島広司

GENTOSHA

発行所　株式会社 幻冬舎
〒151-0051　東京都渋谷区千駄ヶ谷4-9-7

電話　03(5411)6211(編集)
03(5411)6222(営業)
振替　00120-8-767643
印刷・製本所　錦明印刷株式会社

検印廃止

ISBN978-4-344-03507-2　C0095
幻冬舎ホームページアドレス　https://www.gentosha.co.jp/

この本に関するご意見・ご感想をメールでお寄せいただく場合は、
comment@gentosha.co.jpまで。